P. Terence

Ausgewaehlte Komödien des P. Terentius Afer

P. Terence

Ausgewaehlte Komödien des P. Terentius Afer

ISBN/EAN: 9783743363359

Hergestellt in Europa, USA, Kanada, Australien, Japan

Cover: Foto ©ninafisch / pixelio.de

Manufactured and distributed by brebook publishing software (www.brebook.com)

P. Terence

Ausgewaehlte Komödien des P. Terentius Afer

AUSGEWAEHLTE KOMOEDIEN

DES

P. TERENTIUS AFER

ZUR EINFUEHRUNG IN DIE LECTUERE

DER ALTLATEINISCHEN LUSTSPIELE

ERKLAERT

VON

CARL DZIATZKO

ERSTES BAENDCHEN

PHORMIO

LEIPZIG

DRUCK UND VERLAG VON B. G. TEUBNER

1874

Vorrede.

Die Bedeutung der Plautinischen und Terenzischen Lustspiele für unsere Kenntniss des griechischen und römischen Privatlebens, für die Erforschung der lateinischen Sprache und des Entwickelungsganges der römischen Literatur überhaupt bedarf im Hinblick auf den Gang, welchen die classischen Studien gerade in den letzten Decennien genommen haben, keines besonderen Nachweises. Diese Vorzüge sichern jenen Denkmälern altlateinischer Poesie die Aufmerksamkeit zunächst der Philologen, auch solcher, deren Thätigkeit wesentlich verschiedenen Gebieten des Alterthums zugewendet ist. Zugleich hat ihnen aber ihr eigener hoher literarischer Werth auch aus nichtphilologischen Kreisen zahlreiche Freunde erworben und sie in früherer Zeit zur regelmässigen Lectüre in den oberen Classen humanistischer Mittelschulen gemacht. Allerdings ist seit einigen Decennien namentlich in Preussen die Praxis eine andere geworden. Indess sind meines Erachtens die Stücke eines Plautus und Terenz für die Schule ein besonders geeignetes Bildungsmittel. Sie gewähren einmal in anziehender Lectüre ein unmittelbares und anschauliches Bild einer Seite des antiken Lebens, welche sonst auf der Schule nur gelegentliche Erwähnung findet; sodann aber bieten sie namentlich in formaler Beziehung einen reichen Stoff, um in die Entwickelung der lautlichen und syntaktischen Gesetze der lateinischen Sprache den Schüler einzuführen, ihn zu einer historischen Auffassung der Grammatik anzuleiten. In dieser Hinsicht können Plautus und Terenz bis zu einem gewissen Grade für das Latein die Stellung beanspruchen, welche Homer im Griechischen als Schulschriftsteller einnimmt.

Von Terenz gilt das Gesagte, wie sehr er auch von Plautus an Originalität, an Vielseitigkeit und Kraft der Sprache und des

Versbaues übertroffen wird, doch in höherem Masse, insofern seine Dramen besser erhalten und lesbarer sind als die des Plautus, ferner auch in ihrer Form der classischen Latinität näher stehn. Vorliegende Ausgabe schliesst sich ihrem Zwecke und ihrer ganzen Anlage nach den andern Ausgaben der gleichen Sammlung an. Sie ist bestimmt, die Lectüre des Phormio von Terenz zu erleichtern und eine genauere Kenntniss dieses ganzen Literaturzweiges zu vermitteln. Mein Hauptaugenmerk war es daher einen kritisch möglichst gesichteten Text zu geben und in Bezug auf den Sinn und die Form Alles das zu erklären, was Ungeübten bei der Lesung Schwierigkeiten zu bereiten im Stande ist. Ausserdem suchte ich durch Nachweisung der wichtigsten Literatur über die einzelnen Fragen angehenden Philologen sowie Lehrern, welche sich nicht speciell mit Plautus und Terenz beschäftigen, ein genaueres Eingehn auf die bezüglichen Puncte zu ermöglichen. Vollständigkeit in dieser Beziehung konnte natürlich von mir nicht erstrebt werden.

Breslau im September 1874.

Der Herausgeber.

Einleitung.

Die griechische Komödie ($κωμῳδία$ von ὁ $κῶμος$, der fröhliche Aufzug, und $ᾄδειν$) hat sich in ihren Anfängen unabhängig neben der Tragödie, jedoch auch in engem Zusammenhang mit dem Dionysoscultus entwickelt, dessen heitere Seite sie darstellt. In den dorischen Landschaften Griechenlands und der Colonien gelangten dramatische Schwänke am frühesten unter mannigfachen Namen und in verschiedener Färbung zu localer und selbst zu weitergehender literarischer Bedeutung. **Epicharmus** (ein Zeitgenosse etwa des Aeschylus), von Geburt zwar ein Koer, indess hauptsächlich in Megara und später in Syrakus thätig, dessen Lustspiele bei Griechen und Römern dauernde Anerkennung fanden, kann als Hauptvertreter der vorattischen Komödie gelten. Aber erst auf dem Boden Athens entfaltete sich gleich andern Zweigen der Kunst und Wissenschaft auch dieser zu seiner höchsten Blüthe. Dem hohen geistigen Aufschwung der Perikleischen Zeit, ihrer reichen Entwickelung des politischen Lebens, dem Zusammenwirken günstigster äusserer und innerer Bedingungen gelang es sehr rasch, unter der von aussen kommenden Anregung die heimischen Keime der neuen Dichtungsart zu bedeutender, ja relativ unerreichter Höhe zu entwickeln. Nach Kratinus, Eupolis, Phrynichus u. A. trat bald ihr jüngerer Zeitgenosse **Aristophanes** (von 427 bis nach 388 v. Chr. thätig) auf, der bedeutendste Vertreter der sogenannten **alten attischen** Komödie. Liegt es überhaupt im Wesen der Komödie die heitere und lächerliche Seite an Personen und Zuständen hervorzukehren, so gab ihr in jener Epoche das bewegte und inhaltreiche politische Leben sehr natürlich die eigenthümliche Richtung, wonach vorzugsweise die öffentlichen Verhältnisse jener Zeit von den Lustspieldichtern als Stoff verwandt wurden. Zugleich zeichnete diese jener feine und scharfe Witz aus, mit welchem die Athener mehr noch als ihre griechischen Stammverwandten begabt waren. In Bezug auf die Technik und die dramatische Oekonomie lehnte sich übrigens jenes Lustspiel, von manchen Eigenthümlichkeiten abgesehen, ganz an das bewährte Vorbild der früher erstarkten Tragödie an; ausserdem lieferte diese aber auch vielfach den parodirten Stoff der Komödien.

Der unglückliche Ausgang des Peloponnesischen Krieges,

welcher Athens frische selbstbewusste Kraft brach, bildet einen Wendepunct in der Geschichte der attischen Komödie. Mit der Freude an den öffentlichen Verhältnissen verlor sich auch das Interesse an denselben; andere enger begrenzte Interessen, zunächst materielle, traten für die Menge in den Vordergrund. Das zum Theil verarmte und durch andere Leistungen in Anspruch genommene Volk stellte zwar noch in herkömmlicher Weise die Chöre der Komödien, verstand sich aber, wie es scheint, nicht mehr zu der früheren prächtigen Ausrüstung und zeitraubenden Einübung derselben. Der Plutos des Aristophanes, das jüngste der elf von ihm erhaltenen Lustspiele, in der uns vorliegenden Redaction aus dem J. 388 v. Chr., zeigt bereits diesen Uebergang. An Stelle der organisch mit dem Stücke zusammenhängenden Chorpartieen trat zwischen den einzelnen Acten der Vortrag eines leicht einzuübenden, vielleicht bereits bekannten, anderswoher entlehnten Liedes (Couplets) ein.

Die neue attische Komödie, welche völlig ausgebildet erst im letzten Drittel des 4. Jahrhunderts v. Chr. erscheint, zeigt, dem öffentlichen Leben im Ganzen entfremdet, im Vergleich zur alten Komödie einen erheblichen Mangel an wechselnden, durch Neuheit fesselnden Stoffen, ebenso geringe Mannigfaltigkeit und Pracht der Scenerie; dafür aber als Ergebniss der fortgesetzten, eifrigen Uebung grössere Glätte und vollendete Technik. Es ist ein zahmes Familienlustspiel, das sich innerhalb der Verhältnisse und Bestrebungen der damaligen Zeit bewegt. Auch die gelegentlich aus andern Gebieten, z. B. der Mythologie, entlehnten Stoffe werden in der gleichen Manier behandelt. Schäden des öffentlichen Lebens bleiben von der Besprechung fast ganz ausgeschlossen. Zumal die persönlichen Angriffe fallen weg; nur typische Gestalten (z. B. renommirende Soldaten) werden dem Lachen preisgegeben. Ersatz für den beschränkten Kreis der zu wählenden Stoffe bot die Erfindung immer neuer Situationen, Verwickelungen und Lösungen, in welche die im Grunde unveränderten Personen und Charaktere gebracht werden. In dieser Beziehung ist der fruchtbare und unermüdliche Geist der zahlreichen Dichter der neuen Komödie zu bewundern; die Fragmente, ja zuweilen schon die Titel ihrer Lustspiele, ferner die Nachbildungen dieser durch lateinische Dichter gestatten uns hierüber ein Urtheil.

In Bezug auf dramatische Anlage und Technik hat sich die neue Komödie ebenso wie die alte an die Tragödie angelehnt, erstere besonders an Euripides[1]). Gemein hat sie mit diesem auch

---

[1]) Für die Gestaltung der Prologe habe ich dies nachgewiesen in der Abhandlung 'Ueber d. Plautin. Prologe. Allg. Gesichtspuncte' (beim Jahresbericht der Luzerner Kantonschule 1867) S. 4 ff. Auf Euripides geht im Grunde auch die Lockerung des Verhältnisses zwischen dem Chor und der Handlung des Stückes zurück. Ganz weggelassen wurde der Chor, wie es scheint, erst durch Menander.

den vielfach moralisirenden Ton der Stücke; indess ist wohl zu beachten, dass alle solche Sittensprüche dem Stücke mehr als gelegentliches Beiwerk einverwebt sind, während die alte attische Komödie mit ihren derben Ausfällen über Alles, was dem Dichter tadelnswerth erschien, und mit ihrem masslosen Spott im Grunde eine viel kräftigere Moral vertrat.

Als hervorragendster unter den Dichtern dieser neuen attischen Komödie, deren man mehr als sechzig zählte [1]), galt nach der Schätzung des Alterthums **Menander** (342—290 v. Chr.). Nächst ihm sind **Philemon, Diphilus, Apollodorus** von Karystos, **Poseidippus** als beliebte und fruchtbare Komödienschreiber zu nennen. Zusammenhängende Stücke der Genannten liegen uns nur noch in den lateinischen Bearbeitungen des Plautus und Terenz vor.

Natürlich vollzog sich der Uebergang von der alten zur neuen Komödie nicht plötzlich, sondern wurde durch eine Kunstübung vermittelt, welche mit der alten Komödie in etwas noch das Interesse für die politischen und literarischen Begebenheiten theilte, nach reicher und wechselvoller Handlung strebte, dabei aber schon in die später fest normirten Bahnen des bürgerlichen Lustspiels einlenkte. Man hat diese ganze bis an die Zeit der makedonischen Herrschaft reichende Epoche des Uebergangs schon im Alterthum, jedoch, wie es scheint, erst in der Hadrianischen Zeit[2]), als eine besondere Art der Komödie, ἡ μέση κωμῳδία, bezeichnet. **Anaxandrides** und **Alexis** sind hervorragende Dichter dieser Epoche [3]). Man kann über die Berechtigung, die mittlere Komödie als selbständige Gattung aufzufassen, allerdings, wie über die Zugehörigkeit jedes Grenzgebietes, verschiedener Ansicht sein. Ausreichend und historisch völlig begründet ist jedenfalls die **Zweitheilung in eine alte und neue Komödie.**

In manchen Puncten bekundet die neue Komödie, deren Entwickelung ja mit dem politischen Verfall Griechenlands und dem langsamen Verblühen seiner Kunst überhaupt zusammenfällt, einen Rückgang gegenüber der alten Komödie. Eins aber ist es, was ihr aus den nämlichen Bedingungen als ein gewisser Vorzug erwuchs: ich meine die Befreiung von jeder localen Eigenart, welche selbst die Dramen eines Aristophanes nur für die mit den damaligen Verhältnissen Athens Vertrauten völlig verständlich macht; die **kosmopolitische** Färbung, welche überhaupt im Laufe des 4. und 3. Jahrhunderts v. Chr. griechischer Bildung und griechischem Wesen immer mehr eigenthümlich wird. Dieser Eigen-

---

[1]) S. Aug. Meineke, Fragm. com. graec. I (Hist. crit. com. graec.) Berol. 1839 S. 435 ff.
[2]) W. Fielitz, De Atticorum com. bipartita (Inauguraldissert. Bonn 1866) hat dies mit grossem Geschick wahrscheinlich gemacht.
[3]) Dem Erstgenannten wird das Original zu den Plautinischen *Captiui* zugeschrieben.

schaft gerade verdankt die neue Komödie ihren leichten Eingang in das politisch erstarkte, aber literarisch ungebildete Rom um die Mitte des 3. Jahrhunderts v. Chr. Dass die römischen Komiker für ihre Uebertragungen ausschliesslich oder doch ganz vorwiegend Stoffe der neuen (und sogenannten mittleren) Komödie wählten, liegt gewiss nicht blos daran, dass die Blüthe jener Dichtungsart zeitlich den Anfängen römischer Literatur am nächsten stand. Die **Römer** besassen gleich andern italischen Völkerschaften und gleich den heutigen Bewohnern Italiens von Haus aus Neigung und Anlage für die dramatische Kunst, und zwar besonders für den Kunstzweig der Komödie. Ihr scharfer Blick für alles Lächerliche, ihre Neigung zu persönlichem Spott sind unverkennbar. Von Vergil Georg. II 385—390 (vergl. Hor. Ep. II 1 V. 139 ff.) werden Lustbarkeiten der alten Zeit bei Gelegenheit froher ländlicher Feste geschildert, bei welchen Improvisationen, Dichtungen derb scherzhaften Inhaltes, im nationalen, aber höchst kunstlosen Saturnischen Verse abgefasst, in lebhafter Wechselrede unter Vermummung und gewiss mit lebhaftem Geberdenspiel vorgetragen wurden. Literarische Bedeutung hatten diese 'carmina patria' nicht; immerhin aber sehen wir in ihnen die gleichen Keime, aus welchen sich bei den Griechen die kunstgemässe Komödie mit den verschiedenen localen Nebenarten entwickelt hat.

Eine **zweite** Stufe dieser Entwickelung auf dem Boden Roms bezeichnete es bereits, als zu den improvisirten scherzhaften Versen eine sorgfältigere Verbindung mit Musik und mimischem Tanz trat, als die '*uersus Fescennini*' sich zu '**saturae**' gestalteten. Livius berichtet VII C. 2, dass man im J. 364 v. Chr. in Folge einer hartnäckigen Pest, welche schon das zweite Jahr wüthete und weder durch menschliche Massregeln noch die gewöhnlichen religiösen Gebräuche sich beseitigen liess, von Staats wegen **scenische Feste** als etwas ganz Neues zu den bereits üblichen circensischen Spielen eingeführt hat. Aus Etrurien wurden Schauspieler herbeigezogen (**histriones** nach tuscischem Namen), welche mimische Tänze zur Flötenbegleitung, aber ohne Text aufführten. Es heisst dann weiter: *imitari deinde eos iuuentus, simul inconditis inter se iocularia fundentes uersibus coepere; nec absoni a uoce motus erant. accepta itaque res saepiusque usurpando excitata.* Offenbar werden wir bei den '*inconditi uersus*' an die alten '*uersus Fescennini*' erinnert, welche jetzt nur der Begleitung entsprechend selbst grössere Feile beanspruchten. So wuchsen die Anforderungen an das Kunstgemässe, und es bildete sich eine besondere Classe einheimischer Schauspieler aus: *uernaculis artificibus quia hister Tusco uerbo ludio uocabatur, nomen histrionibus inditum, qui non sicut ante Fescennino uersu similem incompositum temere ac rudem alternis iaciebant*[1]*), sed impletas modis* **saturas** *descripto iam ad tibicinem*

---

[1]) Negirt wird hier nur, dass der Text dieser *saturae* extemporirt und roh gewesen sei, nicht dass ein innerer Zusammenhang zwischen der neuen Art des Textes und den alten *uersus Fescennini* bestanden habe.

cantu motuque congruenti peragebant. Haben wir uns diese *saturae* (musikalisch-dramatische Quodlibets rein localen Inhalts) allerdings von den griechischen Lustspielen noch durchaus verschieden zu denken in Bezug auf Inhalt und Anlage, so weckten und erhielten sie doch beim römischen Publikum ein Interesse für heitere dramatische Aufführungen; zudem sind sie, was die mimische und musikalische Begleitung und selbst die Sprache betrifft, gewiss nicht ohne vorbildenden directen Einfluss auf die spätere Palliatkomödie geblieben.

Die **dritte** Stufe endlich des römischen Dramas beginnt mit der **Einführung des griechischen Dramas in lateinischer Uebertragung**, d. h. der sogenannten **comoedia palliata**[1]) auf dem Gebiete des Lustspiels. Schon vorher war das römische Volk zu dem griechischen in mannigfache, mit der Ausdehnung des römischen Gebiets stets zunehmende Berührung getreten. In Sprache und Sitte, in Staats- und Cultus-Einrichtungen sowie im bürgerlichen Leben, in den Anfängen von Literatur und Kunst hatte es Griechisches angenommen[2]) und damit Verständniss und Empfänglichkeit für weitere Hellenisirung gewonnen. Unter diesen Umständen, d. h. bei der von Alters her vorhandenen dramatischen Uebung und dem für griechische Kost schon etwas vorbereiteten Geschmack der Römer konnte es von vornherein als eine vielversprechende und glückliche Neuerung erscheinen, dass **Livius Andronicus** im J. 240 v. Chr., natürlich ohne Zweifel mit Einwilligung der festgebenden Behörde, griechische Dramen in lateinischer Bearbeitung vor dem römischen Publikum zur Aufführung brachte. Für die Richtung, welche seitdem die für sich kaum entwickelungsfähige römische Literatur und Kunst nahm; dafür, dass allmählig immer weitere Zweige der griechischen Literatur bei dem italischen Nachbarvolke eingebürgert wurden, ist jener Schritt geradezu epochemachend gewesen.

Livius Andronicus, aus Tarent gebürtig (um das J. 285 v. Chr.), kam nach der Eroberung der Vaterstadt im J. 272 v. Chr. als Kriegssklave nach Rom. Grieche von Geburt, eignete er sich das Latein erst hier an und gab später Unterricht in beiden Sprachen. Von seinem Herrn, wahrscheinlich M. Livius Salinator, wurde er freigelassen und erhielt somit dessen Gentilnamen. Seine lateinische Uebersetzung der Odyssee im Saturnischen Versmass mag noch in die Zeit fallen vor Uebertragung und Aufführung griechischer Dramen durch ihn. Ueber letztere bemerkt Cassiodor Chron. zum Consulat des C. Claudius Centho und M. Sempronius (240 v. Chr.): *His Coss. ludis romanis primum* **tragoedia et co-**

---

[1]) So zum Unterschiede von der com. **togata** nach dem den Griechen eigenthümlichen 'pallium' benannt.
[2]) S. Mommsen, Röm. Gesch.⁵ I S. 229 ff. 440 f. 455 ff. 462. 464. 476 ff. Teuffel, Gesch. d. Röm. Lit.² S. 127 ff.

moedia *a Lucio Livio ad scaenam data*. Der Historiker Livius berichtet die Thatsache a. O. mit den Worten: *L. . . . . qui ab saturis ausus est primus argumento fabulam serere, idem scilicet, id quod omnes tum erant,* suorum carminum actor. Der Zusammenhang und die planmässige Gliederung des Inhalts wird hier als dasjenige bezeichnet, was die neuen Dramen von den alten *saturae* unterschied. Ausserdem lag das Unterscheidende im Stoff und in den dem griechischen Original entlehnten Metren sowie der ganzen Form der Aufführung. Dass die Stücke nach Möglichkeit dem damaligen noch rohen Geschmacke der Römer mundgerecht gemacht worden sind, ist unzweifelhaft. Von Livius, der sowohl Tragödien wie Komödien schrieb, haben wir nur wenig zahlreiche Fragmente, darunter von drei benannten Lustspielen. — Gleichfalls auf beiden Gebieten des Dramas war Cn. Naevius aus Campanien thätig. Er wirkte seit dem J. 235 v. Chr. zu Rom als Bühnendichter, besonders von Lustspielen, nahm Theil am 2. punischen Kriege und beschrieb diesen in Saturniern. Die heftigen Angriffe, welche er in seinen Dichtungen gegen die höchsten Familien Roms richtete, zogen ihm Gefängniss und später Verbannung zu, in welcher er um 200 v. Chr. starb. — Nur Komödiendichter war T. Maccius Plautus. Um 254 v. Chr. zu Sarsina (auch Sassina) in Umbrien geboren, war er zu Rom — gewiss durch längere Zeit — im Dienste von Bühnentechnikern beschäftigt. Was er hierbei sich erspart, verlor er darauf durch kaufmännische Geschäfte ausserhalb Roms, kehrte mittellos nach der Hauptstadt zurück und war genöthigt durch schwere Arbeit in einer Mühle sich den Unterhalt zu verschaffen. Er versuchte durch Schreiben von Lustspielen seine Lage zu verbessern und wurde in Kurzem ein fruchtbarer und zugleich der populärste Komödiendichter. Sein Tod erfolgte im J. 184 v. Chr.; doch blieb das Andenken an ihn im Publikum wach, so dass seine Dramen, als man seit der Mitte des 2. Jahrhunderts v. Chr. anfing, statt neuer Lustspiele alte zur wiederholten Aufführung zu bringen (s. S. 14 f.), durch einige Decennien erneute Zugkraft übten und eine zweite Epoche von Bühnenerfolgen erlebten. In dieser Zeit wurden auch unter seinem Namen viele Lustspiele Anderer aufgeführt. Unter der ganzen Masse der als Plautinisch in Umlauf gesetzten Stücke (etwa 130 an der Zahl) schied M. Terentius Varro, der Zeitgenosse Ciceros, nebst 19 wahrscheinlich echten 21 entschieden echte aus[1]). Die Letzteren sind uns mit Ausnahme der *Vidularia* erhalten, einige davon freilich mit sehr bedeutenden Lücken. — Nichts Näheres wissen wir aus dieser Zeit über die Komödien eines gewissen auch als Maler thätigen M. Plautius[2]). Uns macht ihn zumeist die Namensähnlichkeit mit Plautus interessant, welche schon im Alterthum bewirkt

---

[1]) Siehe Ritschl, Parerg. Plaut. Terent.que I 71 ff.
[2]) Siehe M. Hertz, *De M. Plautio poeta ac pictore commentatio* (Ind. lect. aest. Vratisl. 1867).

haben soll, dass man frühzeitig seine Stücke mit denen des Plautus zusammenwarf[1]). — Q. **Ennius** aus Rudiae in Calabrien (239—169 v. Chr.) kam im J. 204 mit dem Quaestor M. Porcius Cato aus Sardinien nach Rom und lebte hier, wie es scheint, in bescheidenen Verhältnissen als Lehrer des Griechischen und als Bühnendichter. Im J. 184 v. Chr. erhielt er Ehren halber das römische Bürgerrecht. Am bedeutendsten war Ennius ohne Zweifel als Epiker (durch seine **Annales** in 18 Büchern, in welchen er die Geschichte Roms bis auf seine Zeit in Hexametern beschrieb) und Tragiker sowie als Grammatiker; wenig hervortretend war seine Thätigkeit als Komödienschreiber. — Endlich ist vor einigen andern uns fast nur den Namen nach bekannten Palliatendichtern als ein bedeutender Vorgänger des Terenz noch **Statius Caecilius** zu erwähnen. Von Geburt ein Insuber, kam er wahrscheinlich als Kriegsgefangener um das J. 194 nach Rom, wurde später freigelassen und gelangte als Komödiendichter, wenn auch nur langsam und nicht ohne Mühe den Beifall des Publikums erringend[2]), zu hohem literarischem Ansehen (s. S. 9 f.). Er starb bald nach Ennius (vergl. S. 10 Anm. 1), mit dem er auch im Leben eng befreundet gewesen war.

Publius Terentius Afer, zu Karthago um das Jahr 190 v. Chr. geboren[3]), kam als Sklave nach Rom in das Haus des Se-

---

[1]) Vergl. Varro bei Gellius III 3 § 10; dagegen Ritschl, Parerg. S. 95 f.
[2]) Vergl. Ter. Hec. Prol. II V. 6 ff.
[3]) Dass Terenz im J. 160 bei seiner Abreise nach Griechenland (s. unten) nicht erst 24 oder 25 Jahre alt und demnach etwa im J. 185 geboren war, wie von Suelon in der *Vita Terenti* (Ausg. von Ritschl bei Reifferscheid Suet. S. 32) berichtet wird, hat H. Sauppe (Nachr. d. Gött. Ges. 1870 S. 111 ff.) sehr wahrscheinlich gemacht. Das Geburtsjahr des Terenz war den römischen Gelehrten, wie dasjenige vieler anderer bedeutender Männer, selbst nicht genau bekannt. Sie setzten es daher durch Combination fest, indem sie dem Terenz das Alter des P. Scipio Africanus des Jüngeren beilegten, welcher der Ueberlieferung nach mit dem Dichter sehr befreundet und Altersgenosse war. Um einige Jahre muss aber doch Terenz älter gewesen sein, wenn er im J. 166 v. Chr. bereits sein erstes Stück, die Andria, zur Aufführung brachte und dieses vielleicht schon im J. 168 v. Chr., falls man den Tod des Dichters Caecilius in dieses Jahr versetzt, fertig hatte. Einem solchen Erfolge müssen, wie Sauppe a. O. hervorhebt, doch mehrere Jahre sorgfältiger Ausbildung und Uebung vorausgegangen sein und zwar nach Verlauf seiner Knabenzeit. Ebenso ist zwischen seinem Eintritt ins Jünglingsalter und der Aufführung der Andria einige Zeit für seine Freilassung und die Pflege enger Beziehungen zu vielen '*homines nobiles*' offen zu lassen. Allerdings wird von Terenz Heaut. Prol. V. 23 der Vorwurf seines Gegners '*Repente ad studium hunc (Terentium) se adplicasse musicum*' bezüglich der Thatsache nicht zurückgewiesen. Daraus ist aber nur zu folgern, dass er nicht schon lange vor seinem ersten Auftreten sich in den Dichterkreisen Roms gewissermassen durch Studiendramen bekannt gemacht hat (vergl. S. 9). Endlich sehen wir in keinem der Prologe, dass der Dichter nöthig hat, sich gegen den Vorwurf allzu grosser Jugendlichkeit zu vertheidigen.

nators Terentius Lucanus. Dass er kein römischer Kriegsgefangene
war, bemerkte schon Fenestella, ein Historiker aus der Zeit des
Augustus und Tiberius, sehr richtig ('*cum inter finem secundi pu-
nici belli et initium tertii natus sit et mortuus*'; in der Vit. Ter.[1]).
Sein Herr liess ihn wegen seiner Geistesanlagen und seines ein-
nehmenden Aeussern nicht nur sorgfältig erziehen, sondern schenkte
ihm auch zeitig die Freiheit (s. Vit. Ter. a. O. S. 26). Die gewiss
schon im Hause seines ursprünglichen Herrn angeknüpften Beziehungen bewirkten es, dass er auch fernerhin gerade mit dem Adel
Roms, zunächst wohl mit Altersgenossen, engen Verkehr pflegte.
Dieselben Eigenschaften, welche ihm seine Freilassung verschafft
hatten, sicherten ihm die Gunst von Söhnen der höchsten Familien[2];
wobei man sich erinnern muss, dass überhaupt in Rom damals
zumeist Patrizier, wie in der Politik, so in Kunst und Literatur ihre Blicke über die engeren Grenzen des Mutterlandes hin-
ausgeworfen und ein lebendiges Interesse für höhere geistige Cultur
gezeigt haben. Unter den adeligen Freunden des Terenz wurden
schon im Alterthum Scipio Africanus der Jüngere, C. Laelius und
L. Furius Philus genannt (vergl. z. B. Vit. Ter. a. O. S. 27. 28.

---

[1]) Weniger bestimmt lässt sich mit Fenestella a. O. S. 26 f. die
andere Möglichkeit bestreiten, dass er von einer Karthago feindlichen
afrikanischen Völkerschaft (in noch zartem Alter) geraubt und später
nach Rom gebracht sei. Wenigstens hat Fenestella's Grund '*nullo com-
mercio inter Italicos et Afros nisi post deletam Karthaginem coepto*'
doch nur bedingte Geltung.

[2]) Vergl. Ter. Ad. Prol. V. 15—21;
  Nam quod isti dicunt maliuoli, homines nobilis
  Eum adiutare adsidueque una scribere;
  Quod illi maledictum uehemens esse existumant,
  Eam laudem hic ducit maxumam, quom illis placet,
  Qui uobis uniuorsis et populo placent,
20 *Quorum opera in bello, in otio, in negotio*
  Suo quisque tempore ususl sine superbia.
Die naheliegende Bemerkung, dass nach V. 20 f. hier nicht so jugendliche
Männer, wie Scipio und Laelius damals waren, gemeint sein können, hat
schon im Alterthum Santra, ein Grammatiker aus der Zeit des Augustus,
gemacht (Vit. Ter. a. O. S. 31 f.); derselbe verweist zugleich auf Männer
wie C. Sulpicius Gallus ('*homine docto et quo consule Megalensibus ludis
initium fabularum dandarum (Terentius) fecerit*'; Vit. Ter.) oder Q.
Fabius Labeo und M. Popillius ('*consulari utroque ac poeta*'; Vit. Ter.).
Sauppe a. O. S. 118 ff. meint, Terenz habe dem Vorwurf seiner Gegner
absichtlich eine allgemeine Wendung gegeben und von '*homines nobilis*'
überhaupt gesprochen, um sich mit V. 19 ff. leichter vertheidigen zu
können; dabei habe jeder Zuschauer zugleich an den besondern Fall
denken und unter den '*homines nobilis*' Laelius und Scipio verstehen
können. Dies konnte aber das Publikum eben wegen V. 20 f. nicht, und
auch V. 19 (*qui uobis uniuorsis et populo placent*) verbietet '*homines
nobilis*' allzu weit zu fassen. Deshalb haben wir bei diesem Ausdruck
meines Erachtens an den bestimmten, ziemlich abgegrenzten Kreis der
adeligen Freunde des Dichters, der jüngeren wie der älteren, zu
denken, während er sich im Folgenden nur auf die allgemeine Anerkennung
der Aelteren beruft, mit denen er überhaupt beim Publikum argumentiren
konnte.

30. 31). Dem engeren Kreise der Dichter Roms, welche sogar zunftmässig zusammenhielten, scheint er wenigstens von Anfang an ganz fern geblieben zu sein. So lässt es sich am einfachsten erklären, dass der bejahrte Dichter Caecilius, welchem Terenz sein erstes Stück, die Andria, zur Begutachtung vorlesen musste, bevor die Aedilen als Festgeber es zur Aufführung annahmen, den Dichter noch gar nicht kannte (Vit. Ter. a. O. S. 28 f.). Dementsprechend lautet der schon S. 7 Anm. 3 erwähnte Vorwurf eines Gegners (Heaut. Prol. V. 23 f.):

Repente ad studium hunc se adplicasse musicum,
Amicum ingenio fretum, haud natura sua.

Auch der offene Neid und Hass der Berufsgenossen, unter welchem Terenz bei seinem Auftreten zu leiden hatte, geht wohl zu einem guten Theil auf seine Isolirung von jenen zurück. Zufrieden mit dem Beifall, welchen er in dem Kreise hochgestellter Männer fand, sorgte er wenig darum, sich das Wohlwollen einer engherzigen Dichterclique zu erwerben [1]).

Dass die vorher erwähnten adeligen Freunde den Terenz bei seinen dramatischen Arbeiten unterstützten, ja dass sogar ganze Partien seiner Dramen von ihnen gefertigt seien (s. Vit. Ter. a. O. S. 30 ff.), war eine im Alterthume verbreitete Ansicht. Dieselbe geht im Grunde auf die Neider des Terenz zurück und sie wurde durch die zurückhaltende Art, wie sich der Dichter im Prolog der Adelphoe V. 15 ff. vertheidigt, nur noch bestärkt (s. S. 8 Anm. 2). Allgemeine Anregung und Ermunterung sowie unter Umständen besondere Rathschläge empfing wohl der Dichter, wie wir annehmen dürfen, bei seinen literarischen Arbeiten von Seiten jener Freunde; ihm eine weitergehende Abhängigkeit von ihnen zuzuschreiben, dafür fehlt ein wohlbegründeter Anhalt.

Die literarische Richtung der Zeit und eigene Neigung führten den Dichter zur Palliatkomödie, wennschon die Periode des Verfalls derselben nicht mehr fern lag. Vor die Oeffentlichkeit trat Terenz zuerst im J. 166 v. Chr. an den *ludi Megalenses* (im Monat April) mit der Andria. Da die festgebenden Aedilen Bedenken trugen das Stück eines noch völlig unbekannten Dichters zur Aufführung anzunehmen, so wurde er veranlasst dasselbe zuvor dem älteren und bewährten Dichter Caecilius vorzulesen. Ueber diese Zusammenkunft erzählt nun die Vita Terenti (a. O. S. 28 f.) Folgendes: .... *ad cenantem cum uenisset, dicitur initium quidem*

---

[1]) Diese Dichterschaar ist Andr. Prol. V. 15 (*Id isti uituperant factum atque in eo disputant* q. s.) und V. 21 (... *istorum obscuram diligentiam*) gemeint; an sie ist Heaut. Prol. V. 27 (**iniqui**), Ad. Prol. V. 2 (**iniqui** und **aduorsarii**), V. 15 (**isti** *maliuoli*, vergl. V. 17) zu denken. Sie hat der Dichter im Sinn, wenn er Hec. Prol. II V. 38 f. (46 f.) das Publikum warnt:

Nolite sinere per uos artem musicam
Recidere ad paucos q. s.

*fabulae, quod erat contemptiore uestitu, in subsellio iuxta lectulum
residens legisse, post paucos uero uersus inuitatus ut accumberet
cenasse una, dein cetera percucurisse non sine magna Caecilii ad-
miratione* [1]).

Ausser dieser ersten Aufführung der Andria nimmt W. Wagner
Lib. misc. soc. phil. Bonn. (1864) S. 72 ff. (vergl. N. Jahrb. f. Phil.
1865 S. 288 und Ausg. des Haut. Einl. S. 10 Anm. 5) nach dem
Vorgange Anderer eine zweite, etwa im J.164 v. Chr., nach der Hecyra
(I) an, zu welcher der gegenwärtige Prolog des Stückes gehöre; eine
Ansicht, welcher ich nicht beizupflichten vermag [2]). Es folgten auf die
Andria noch die Aufführungen folgender Stücke zu Lebzeiten des
Dichters:

Im J. 165 v. Chr.: **Hecyra** (erste Auff.) an den *ludi Megalenses*;
- 163 - **Heauton timorumenos** [3]) an den *ludi Megalenses*;
- 161 - **Eunuchus** an den *ludi Megalenses*;
- — - **Phormio** an den *ludi Romani*;

[1]) Da nach Hieronymus in Euseb. Chron. Olymp. CL, 2 Caecilius schon
im Jahre nach des Ennius Tode (dieser starb 169 v. Chr.) gestorben sein
soll, so frägt es sich, ob diese Nachricht auf einem Irrthum beruht oder
ob die erste Aufführung der Andria trotz des bei Caecilius gefundenen
Beifalls sich noch um einige Jahre verzögert habe. Ich stimme Ritschl
bei, welcher (Vit. Ter. a. O. S. 497 f.) bei Hieronymus '*mortuus est
(Caecilius) anno post mortem Ennii et* . . .' hinter *Ennii* ein Zahlzeichen
(III) als ausgefallen annimmt, und glaube nur, man wird nicht umhin
können, um die beiden Nachrichten in Einklang zu bringen, vielmehr IIII
(oder IV) zu ergänzen.

[2]) Vor Allem scheint es mir an Gründen zum Beweis dieser Hypo-
these zu fehlen. Zu dem von mir De prol. Plaut. et Ter. (Bonn 1863)
S. 1 Anm. 1 und Rhein. Mus. N. F. XX S. 579 f. Gesagten möchte ich noch
hervorheben, dass sich das Auftreten des Schauspieldirectors Ambivius
Turpio im Prolog des Heaut. nach dem Misserfolge der Hecyra (I) sehr
leicht begreifen lässt, minder gut, wenn eine (gelungene) Aufführung der
Andria dazwischen liegt. So viel ich sehe, macht im Andriaprolog nur
V. 5 *Nam in prologis scribundis operam abutitur* —, welcher für das
allererste Stück eines Dichters nicht recht zu passen scheint, einige Schwie-
rigkeit. Wem das De prol. S. 1 Anm. 1 zur Erklärung Beigebrachte nicht
genügt, der sei auf die **Möglichkeit** verwiesen, dass Terenz einen andern
für die Andria bereits bestimmten Prolog bei Seite lassen musste, um
sich gegen die kurz vor der Aufführung offen vortretenden Anfeindungen
der Gegner in einem neuen Prolog zu vertheidigen.

[3]) Dieser Namensform gegenüber, welche in den Handschriften sich
meines Wissens ausschliesslich findet, wird die Heaut. Prol. V. 5 durch
das Metrum empfohlene Schreibweise **Hauton t.** (so schrieb übrigens
bereits Ritschl, Parerg. S. 381 Anm.) von W. Wagner vertheidigt in seiner
Ausgabe des Haut. S. 25 f. Neu ist in dessen Ausführung nur der Hinweis
auf des Caecilius **Exhautuhestos** (s. Ribbeck, Frg. com. ² S. 42). Indess
stand es natürlich den Dichtern frei, die kürzere oder längere Pronominalform zu gebrauchen, und gerade in diesem Fall empfahl der Umstand, dass
das vorausgehende und nachfolgende Wort mit einem E-Laut anfängt, das
deshalb wohllautendere *Αὐτοῦ*. Im Uebrigen bewahrt, glaube ich, der
von mir Rhein. Mus. N. F. XXVII 159 ff. eingenommene Standpunct noch
immer seine Berechtigung.

EINLEITUNG.

Im J. 160 v. Chr.: **Hecyra** (zweite Auff.) } an den *ludi funerales*
- - - **Adelphoe**[1]) } des Aemilius Paulus;
- - - **Hecyra** (dritte Auff.) an den *ludi Romani*.

Diese Reihenfolge der Stücke entspricht nicht völlig derjenigen, welche sich aus den in den Didaskalien den einzelnen Lustspielen beigelegten Nummern ihrer Entstehungszeit ergibt. Darnach müssten sie vielmehr so auf einander folgen: **Andria, Eunuchus, Heauton timorumenos, Phormio, Hecyra, Adelphoe.** Nicht nur die **Hecyra** ist an die V. Stelle statt an die II. oder VI. Stelle gekommen, sondern es müssten auch **Eunuchus** und **Heauton timorumenos** ihre Plätze vertauschen[2]).

War es früher natürlich, ja nothwendig gewesen, dem fremden Geisteserzeugniss ein heimisches Gepräge zu geben und führen noch die Plautinischen Stücke, um von ihrem Inhalte abzusehen, sämmtlich lateinische Titel (Asinaria, Aulularia, Captivi u. s. w.), falls derselbe nicht dem griechischen Namen einer Person des Stückes entlehnt ist (z. B. Amphitruo, Bacchides); so suchte man später, je mehr sich der Einfluss griechischer Bildung befestigte, um so mehr die lateinischen Bearbeitungen den griechischen Lustspielen gleich zu machen. Ja Zeitgenossen des Terenz, und zwar ältere, gingen in ihrer *'obscura diligentia'* so weit, es dem Terenz vorzuwerfen, dass er von der griechischen Vorlage abweiche, indem von ihm aus anderen griechischen Lustspielen Scenen, von welchen er sich Erfolg versprach, in das Hauptdrama verwebt wurden.

---

[1]) Zweifelhaft ist die von mir Rhein. Mus. N. F. XXI 78 ff. nach dem Vorgange von W. Wilmanns, De didascal. Terent. (Berolini 1864) S. 49 ff. angenommene frühe Aufführung der Adelphoe (an zweiter Stelle bald nach der Andria). W. Wagner hat N. Jahrb. f. Phil. 1865 S. 289 ff. die von Wilmanns vorgebrachten Gründe, wenn auch nicht alle in überzeugender Weise, zurückzuweisen gesucht. Mit Unrecht beklagt er sich übrigens (Haut. Einl. S. 12 Anm. 4), dass ich a. O. seine Gründe weder erwähne noch widerlege. Mein bezüglicher Aufsatz (im Rhein. Mus. 1865 und 1866 erschienen) befand sich bereits seit Mitte des J. 1865 in den Händen der Redaction.

[2]) Vergl. Rhein. Mus. N. F. XXI S. 84 ff. — In der durch die Didaskalien gebotenen Folge bietet ein einziger, und zwar der beste Codex (A = Bembinus) die Stücke selbst. Daneben wurden sie auch gleich den Plautinischen Stücken in alphabetischer Reihenfolge überliefert (Andria, Adelphoe, Eunuchus, Heauton timorumenos, Hecyra, Phormio), welche allerdings in verschiedener Weise in Unordnung gerathen ist (vergl. W. Wagner, N. Jahrb. f. Phil. 1865 S. 291). Einerseits drängte sich der Phormio zwischen Eunuch und Heauton tim. So im Victorianus, Decurtatus, einem Laurentianus (s. Umpfenbach, Ausg. d. Ter. Praef. XL; diese genannten Handschriften charakterisirt überhaupt ihre Aehnlichkeit mit Donat, obschon sie auch der Calliopischen Recension angehören) und im Donatcommentar, wie er uns vorliegt. In letzterem scheinen darnach sogar die auf die Reihenfolge bezüglichen Zahlen in den Praefationen geändert zu sein. Andrerseits kam auf Grund der gleichen alphabetischen Anordnung das Stück Adelphoe zwischen Heauton tim. und Hecyra zu stehn (so in den übrigen Handschriften der Calliopischen Recension bei Umpfenbach).

So in der Andria, den Adelphoe und dem Eunuchus; zweifelhaft ist es bei der Hecyra (s. Rhein. Mus. N. F. XXI S. 80 f.). Contaminare (= contagminare vom Stamme tag), vermischen und dadurch verunstalten, nannten sie böswillig dies Verfahren. Terenz, welcher sonst die griechischen Originale wenig romanisirt hat, hat sich doch in diesem Puncte den pedantischen Gegnern gegenüber freie Hand gewahrt und dies wiederholt in den Prologen seiner Stücke gerechtfertigt (s. Andr. Prol. V. 13—21; Heaut. Prol. V. 16—21; Ad. Prol. V. 1—14; auch Eun. Prol. V. 31—33)[1].

Noch ein zweiter Punct war es, auf welchen in Hinsicht der Vorlage die damalige Kunstkritik Werth legte: Stücke, welche nicht blos wiederholt wurden (referre ist für das Wiederholen der übliche Ausdruck), sollten durchaus neu sein; d. h. das griechische Original durfte nicht bereits ganz oder zum Theil von einem andern lateinischen Dichter verwerthet, musste den Zuschauern ganz unbekannt sein. Diese Forderung der Achtung vor fremdem geistigen Eigenthum ist insofern merkwürdig, als das von einem lateinischen Dichter durch Uebertragung in Besitz genommene Drama in Folge dessen als sein Eigenthum galt. Ihr hat sich Terenz im Ganzen gefügt: in mehreren Fällen, wo seine Gegner ihm 'furtum' vorgeworfen, weist er seine Uebertragung als völlig 'neu' nach (s. Ad. Prol. V. 6—14) oder entschuldigt sich mit der Unkenntniss der früheren Benutzung einer Stelle (Eun. Prol. V. 19—34). Allerdings lassen seine Worte Eun. Prol. V. 27 (*Si id est peccatum*...) und V. 35 ff. daran zweifeln, dass er die Bearbeitung eines griechischen Dramas oder eines Theiles desselben durch verschiedene lateinische Dichter für einen grossen Verstoss ansehe.

Alle sechs Stücke des Dichters fanden beim Publikum Beifall, die Hecyra freilich erst bei ihrer dritten Aufführung. Die grössere Zugkraft, welche an den Tagen ihrer ersten und zweiten Aufführung andere Lustbarkeiten auf das Volk ausübten, bewirkten es, dass das Stück das eine Mal gar nicht, das andere Mal nur zum kleinen Theile (durch einen Act) aufgeführt werden konnte (s. Ph. Prol. V. 31 ff. Hec. Prol. I und II). Dagegen gefiel der Eunuchus so gut, dass er von den Festgebern noch einmal (ohne Zweifel an einem der folgenden Tage) gegeben wurde und der Dichter gewiss mit Rücksicht hierauf die ungewöhnlich hohe Summe von 8000 Sesterze (= ca. 1400 Mark) als Honorar erhielt (Sueton Vit. Ter. a. O. S. 29 und 503; vergl. Anhang zu V. 16 f.).

Nach der dritten Aufführung der Hecyra im J. 160 v. Chr. verliess Terenz Rom und begab sich nach Griechenland, um Leben und Sitten der Griechen an Ort und Stelle genauer kennen zu

---

[1] Dass unter Umständen durch die *contaminatio* die kunstreiche Anlage eines Stückes durchbrochen und so die Oekonomie fehlerhaft werden konnte, müssen wir zugeben.

lernen¹). Schon im folgenden Jahre 159 v. Chr. oder nach Hieron. in Euseb. Chron. Olymp. CLV 3 ein Jahr später (158) starb der Dichter, eben im Begriff mit neu übersetzten Lustspielen²) nach Rom zurückzukehren. Er fand entweder durch einen Schiffbruch im Meere bei Leukas seinen Tod oder er starb, nachdem er sein vorausgeschicktes Gepäck nebst den literarischen Arbeiten durch einen solchen Unfall verloren hatte, zu Stymphalos in Arkadien³). Er hinterliess eine Tochter, welche später einen römischen Ritter heirathete, und ein Vermögen, das in 20 Morgen Gartenland bestand (Vit. Ter. a. O. S. 33). Letztere Nachricht klingt glaubhafter als die des literarhistorischen Dichters Porcius Licinus (gegen das Ende des 2. Jahrhunderts v. Chr.), Terenz habe über seine Freundschaft mit den *homines nobiles* seine Privatverhältnisse vernachlässigt und sei dadurch in völlige Armuth gerathen (Vit. Ter. a. O. S. 27 f. 33).

Ueber die äussere Erscheinung des Dichters heisst es bei Sueton, Vit. Ter. a. O. S. 33: *Fuisse dicitur mediocri statura, gracili corpore, colore fusco.* — Eine Würdigung der dichterischen Eigenthümlichkeiten unseres Dichters lässt sich am besten aus den Worten des feinen Kunstkritikers Horaz entwickeln (Ep. II, 1. V. 59: *(Dicitur) uincere ... Terentius* arte. Durchdacht und wohlerwogen ist zunächst die Anlage der Stücke. In dieser Beziehung hat er sich sogar Abweichungen vom griechischen Ori-

¹) Ein zweites Motiv neben diesem, aber ein wenig annehmbares, gibt die Vit. Ter. a. O. S. 32 ... *causa uitandae opinionis, quia uidebatur aliena pro suis edere* ... — Die ebenda mitgetheilte Stelle des Volcatius, wonach im Widerspruch zu allen andern Angaben Terenz nach Asien gereist sei, wird von Fried. Leo, Quaest. Aristoph. (Diss. inaug. Bonn. 1873) thes. X sehr ansprechend durch die Coniectur *'in Achaiam'* für *'in Asiam'* beseitigt.

²) Q. Cosconius in der Vit. Ter. a. O. S. 32 berichtet nach der Lesart der Handschriften sogar folgenden Nebenumstand: ... *perisse in mari cum C. et VIII. fabulis conuersis a Menandro.* Indess hat Ritschl a. O. S. 519 sehr scharfsinnig in CVIII eine Dittographie des vorausgehenden CVM erkannt. Mit Unrecht wird die Richtigkeit dieser Coniectur von Sauppe a. O. S. 121 f. bezweifelt, weil *'cum fabulis'* zu kahl sei. Wie hätte Cosconius (oder Sueton) denn aber schreiben sollen, wenn er nicht wusste, wie viel oder wie wenig Stücke es waren?

³) Vergl. ausser Ritschl zu Vit. Ter. a. O. S. 520 f. neuerdings Sauppe a. O. S. 120 f. Mit der von Sauppe klar auseinander gelegten doppelten Nachricht über den Ort des Todes steht die doppelte Nachricht über das Jahr desselben vielleicht in unmittelbarem Zusammenhang. Wer wie Hieronymus a. O. den Dichter in Arkadien (also nach dem Untergang seines Gepäckes) gestorben sein liess, setzte den Tod um ein Jahr später an (158 v. Chr.); wer ihn aber bei dem Schiffbruch selbst verunglücken liess, nahm das vorausgehende Jahr als Todesjahr. Bei Sueton freilich (a. O. S. 32 f.) sind in den Worten *'ceteri mortuum esse in Arcadia Stymphali siue Leucadiae tradunt Cn. Cornelio Dolabella M. Fuluio Nobiliore consulibus* (159 v. Chr.), *morbo implicatum'* q. s. beide Nachrichten gegenwärtig durcheinander geworfen.

ginal aus berechtigten ästhetischen Gründen gestattet[1]). Nicht minder überlegt und in Folge dessen zutreffend ist die **Charakteristik** der Personen und die **Motivirung** der Handlung. Beispielsweise erinnere ich an die wenigstens im Alterthum typisch gewordenen Figuren des '*Heauton timorumenos*' **Menedemus**[2]) und des **Phormio**[3]). Endlich ist es die **Sprache**, welche durchaus gewählt und rein geradezu als Muster des '*sermo urbanus*', einer feinen Umgangssprache gelten kann. Die gewiss competenten Beurtheiler Cicero und Caesar zollen ihm in dieser Beziehung das höchste Lob (Vit. Ter. a. O. S. 34). Andrerseits entspricht diesen vorwiegend auf **Reflexion** beruhenden Vorzügen ein gewisser Mangel an unmittelbarer Kraft, an sprudelndem Witz, an Lebendigkeit, an Wechsel der Stimmung und an Stärke der geschilderten Affecte. In dieser Beziehung beklagt es C. Caesar a. O., dass mit den '*lenia scripta*' des Terenz nicht '*uis*' verbunden sei. Und eben darauf geht es im Grunde zurück, wenn der Literarhistoriker **Volcatius Sedigitus** (etwa aus dem Ende des 2. Jahrhunderts v. Chr.) in seinem bekannten Canon, in welchem er die zehn bedeutendsten lateinischen Palliatendichter dem Range nach aufzählt, dem Terenz erst den **sechsten** Platz anweist[4]). — Uebrigens ist zu beachten, dass eine Entwickelung des Dichters im Verlauf seiner Productionen sich nicht erkennen lässt. Zumeist beruht dies ohne Zweifel auf dem Zurücktreten der Individualität eines Palliatendichters überhaupt und besonders zur Zeit des Terenz; zugleich dient es aber vielleicht zur Bestätigung für die S. 7 Anm. 3 vertheidigte Ansicht von einem reiferen Lebensalter des Dichters, in welchem derselbe seine Stücke geschrieben habe.

Als nach dem Tode des Terenz die Reihe der guten Palliaten-

---

[1]) Für die Eingangsscenen mehrerer Stücke habe ich dies nachzuweisen gesucht in der Abhandlung Ueber d. Plaut. Prol. Allg. Ges. S. 15 f.

[2]) Vergl. das von W. Wagner, Ausg. des Haut. Einl. S. 26 Zusammengestellte.

[3]) S. Cic. Phil. II c. 6 § 15: ... *Phormioni alicui;* vergl. auch Cic. pro Caec. c. 10 § 27: ... *argentarius Sex. Clodius, cui cognomen est Phormio, nec minus niger nec minus confidens quam ille Terentianus est.* — Theilweise nachgeahmt wurde der **Phormio** durch Molière in Les fourberies de Scapin (vergl. C. H. Humbert, Le Phormion de Tér. et les fourb. ..., Elberfeld, Progr. d. Realsch. 1859).

[4]) Heinr. Iber hat in seiner Inauguraldissertation *De Volc. Sed. canone* (Münster. 1866) gegenüber Ladewig, Ueb. d. Can. d. Volcat. Sed. (Progr. v. Neustrelitz 1842) nachzuweisen gesucht, dass das grössere oder geringere Mass von Freiheit in Behandlung der griechischen Originale und andrerseits von '$\pi\acute{\alpha}\vartheta o\varsigma$' bei den einzelnen Dichtern den Volcatius bei seiner Gruppirung geleitet hat. Terenz ist gerade durch das Gegentheil von $\pi\acute{\alpha}\vartheta o\varsigma$, durch $\ddot{\eta}\vartheta o\varsigma$ ausgezeichnet.

dichter fast abgeschlossen¹) (Turpilius lebte zwar noch bis zum J. 103 v. Chr., hörte aber wahrscheinlich früh auf zu dichten; s. Ritschl, Parerg. S. 188 Anm.) und diese Dichtungsgattung selbst einer weiteren Entwickelung nicht mehr fähig war, fing man an die Palliatkomödien früherer Dichter als neue zu wiederholen (vergl. S. 6). Natürlich mussten sich dabei die Stücke älterer Dichter manche Veränderungen gefallen lassen. Auch die Stücke des Terenz sind in den nächsten Decennien nach der Mitte des 2. Jahrhunderts v. Chr. wiederholt aufgeführt worden, worauf die erhaltenen Didaskalien der Stücke noch in sicheren Spuren hinweisen (s. Rh. Mus. N. F. XX S. 591; XXI S. 64 ff.).

Schon in der zweiten Hälfte des 2. Jahrhunderts v Chr. fing die gelehrte Thätigkeit an sich in Nachahmung und Nacheiferung der Alexandrinischen Grammatiker der Palliatkomödie zuzuwenden. Es wurden die Texte der Komiker für die Lectüre zusammengestellt, wobei die Sorge massgebend gewesen zu sein scheint, bei verschiedener Ueberlieferung die parallelen Fassungen nach Möglichkeit zu erhalten. Ferner wurden die verschiedenen Notizen zur Geschichte der einzelnen Stücke gesammelt und zusammenhängend geordnet. Endlich haben römische Gelehrte in selbständigen Schriften literarhistorische, scenische und sprachliche Eigenthümlichkeiten der alten Komiker behandelt; unter ihnen L. Attius, Volcatius Sedigitus, Porcius Licinus, Aelius Stilo, Aurelius Opilius, Q. Cosconius, Servius Clodius, vor Allen M. Terentius Varro. Das Material für diese Arbeiten boten ohne Zweifel zunächst die Schauspielerexemplare, soweit man ihrer habhaft werden konnte²). Die Fürsorge für die Bequemlichkeit des Lesers durch gleichmässige Feststellung der Scenenüberschriften und der Personenbezeichnung im Dialog, sowie die systematische Beifügung von Noten zur Unterscheidung der Scenen nach Art ihres Vortrags gehört, wie es scheint, gleichfalls jener oder doch der nächstfolgenden Zeit an. Daneben erhielten sich die Stücke auf der Bühne; freilich wohl mit grösserem Erfolg in den Provinzialstädten, während in der Hauptstadt die Festgeber mit aufregenderen scenischen Darstellungen dem veränderten Geschmacke der Menge huldigten.

Da im Laufe der Zeit die Exemplare des Terenz, der im Alterthum immer ein viel gelesener Schriftsteller blieb, durch Schreibfehler, Glossen und Interpolationen stark verderbt wurden, so war eine von Zeit zu Zeit sich erneuernde Recension des

---

¹) Im Prolog der Casina des Plautus, welcher um das J. 154 v. Chr. oder bald nachher geschrieben ist, heisst es V. 9 f.:
Nam nunc nouae quae prodeunt comoediae,
Multo sunt nequiores quam nummi noui.
²) Vergl. Rhein. Mus. N. F. XXI S. 92; C. Steffen in Act. soc. phil. Lips. II S. 150 ff.

Textes durch gelehrte Grammatiker ein natürliches Bedürfniss.
So ist zu vermuthen, dass auf M. Valerius Probus aus der Mitte
des 1. Jahrhunderts n. Chr., von welchem es bei Sueton (S. 118
Reiff.) heisst '*multaque exemplaria contracta* emendare *ac* distinguere *et adnotare curauit*,' eine solche Recension des Terenz
zurückgeht. Und weil das lebendige Verständniss des Textes in
allen Einzelheiten frühzeitig schwand, — sowie zur Begründung
einer etwaigen Textesrevision wurden seit der ersten Kaiserzeit
wiederholt ausführliche Erläuterungen der Terenzischen Stücke
geschrieben. Solche Commentare wurden von dem genannten
Probus, Aemilius Asper, Arruntius Celsus (vielleicht nur
zum Phormio[1])) Helenius Acro, Euanthius und dem etwas
jüngeren Aelius Donatus (um die Mitte des 4. Jahrhunderts
n. Chr.) verfasst[2]). Unter des Letzteren Namen ist uns ein Commentar zu fünf Stücken, erhalten (der zum Heauton timorumenos ist verloren[3])), eine wirre Zusammenstellung von Auszügen aus verschiedenen (etwa drei) Commentaren, in welchen
wieder ältere Erklärungsschriften benutzt waren.

In einen wie fehlerhaften Zustand schon im 5. Jahrhundert
n. Chr. der Text der Terenzischen Komödien gerathen war, lehrt
deutlich der Codex Bembinus, welcher eben jener Zeit zugeschrieben wird. So werthvoll diese Handschrift wegen der vielen
guten Lesarten ist, welche sie allein unverändert oder in zweifellosen Spuren erhalten hat, so bietet sie für sich doch nichts
weniger als einen leicht lesbaren Text. Wollte jene oder eine
spätere Zeit zu einer eigentlichen Lecture des Dichters gelangen,
so musste der Text abermals einer umfassenden, durchgreifenden
Revision unterzogen werden, und diese hat etwa im 7. Jahrhundert
n. Chr. der Grammatiker Calliopius vorgenommen, dessen Name
denn auch in den Subscriptionen sämmtlicher oder doch der
meisten bekannten Handschriften ausser dem Bembinus erscheint[4]).

Wenden wir uns jetzt zur Zeit des Terenz zurück und zu den
scenischen Aufführungen im alten Rom überhaupt, so fanden
solche ursprünglich seit Livius Andronicus nur an den ludi Romani oder maximi (im September von den curulischen
Aedilen besorgt) Statt, seit dem J. 214 v. Chr. an vier auf einander folgenden Tagen[5]). Seit dem J. 194 v. Chr. wurden die

---

[1]) Vergl. Lud. Schopen, De Ter. et Don. (Inaug.-Diss. Bonn 1821)
S. 38 f.; dagegen hält Ritschl, Parerg. S. 367 einen besondern Commentar
des Celsus überhaupt für zweifelhaft.
[2]) Vergl. L. Schopen a. O. S. 30—50.
[3]) Vergl. Umpfenbach, Ausg. d. Ter. Praef. XL.
[4]) S. Umpfenbach a. O. Praef. XVIII—XXXV. Ueber Person und Zeit
des Calliopius steht nichts Sicheres fest.
[5]) S. Ritschl, Parerg. S. 289 ff. 306 ff.

Megalesia (im April) gleichfalls mit scenischen Spielen verbunden und auch von den **curulischen Aedilen** gegeben. In Plautinischer Zeit bereits gehören hierher die **ludi plebei** (im November), welche die **plebeischen Aedilen** gaben, und seit dem J. 211 oder 212 v. Chr. die in den **Juli** fallenden von dem städtischen **Praetor** besorgten **ludi Apollinares**[1]. Dazu kommen als aussergewöhnliche Anlässe die **ludi funebres** (oder **funerales**) hochgestellter Männer, von ihren Angehörigen besorgt, und die **Dedicationsspiele**[2]. — Als **Ort** der scenischen Aufführungen haben wir uns für die ganze erste Zeit bis zum J. 174 v. Chr. den Platz in der Nähe des Tempels derjenigen Gottheit zu denken, welcher das Fest galt (bei Leichenspielen das Forum)[3]. Es wurde von Holz eine Bühne für die Zeit der Aufführungen in einer Niederung aufgeschlagen; das Volk lagerte sich im Freien auf der gegenüber aufsteigenden Höhe, wozu sich etwa die Einzelnen von Sklaven Sessel nachtragen liessen[4]. Nachdem bereits im J. 179 v. Chr. beim Apollotempel ein steinernes Proscenium und Umfassungsschranken vom gleichen Material, vermuthlich aber nur für die *ludi Apollinares* und von beschränkten Dimensionen[5], errichtet worden, wurde fünf Jahre später von Staatswegen der Bau einer festen Bühne angeordnet, welche übrigens nicht von langem Bestande gewesen zu sein scheint (Ritschl a. O. S. 227). Erst im J. 146 v. Chr. errichtete L. Mummius zuerst ein **vollständiges** Theater mit **Sitzreihen**, aber nur von **Holz**, so dass der Bau allemal für die scenischen Spiele wiederholt werden musste, bis im J. 55 v. Chr. Cn. Pompeius ein **steinernes Theater** weihte.

Die Vorstellungen fanden in der Zeit zwischen *prandium* und *cena* Statt, so dass kaum mehr als **ein Stück** an einem Tage gegeben werden konnte[6]. Das Gegentheil hiervon möchte Einer aus Plaut. Poen. Prol. V. 8 schliessen wollen:

Qui non edistis, saturi fite fabulis.

Indess ist Act V Sc. 4 V. 54 in demselben Stücke ein Hinweis auf baldigen Aufbruch der Zuschauer zur Heimkehr enthalten:

HA. *Pergo etiam tentare?* **AG.** *In pauca confer:* **sitiunt qui sedent.**

Angekündigt wurden die **ludi scaenici** zuerst bei der Berufung des Volkes durch einen **praeco**, jedoch nur im Allgemeinen. Unmittelbar vor der Aufführung trat aber eine 'tituli pronuntiatio' ein, an deren Stelle auch erst der auftretende Prolog

---

[1] S. Ritschl, Parerg. Praef. S. XXII f.
[2] S. Ritschl a. O. S. 295. Sie wurden von den Censoren, und in Ermangelung solcher vom *praetor urbanus* gegeben.
[3] Vergl. W. Hahn, Scaen. quaest. Plaut. (Inaug.-Diss. Greifswalde 1867) S. 2 ff.
[4] Vergl. Ritschl, Parerg. S. 209 ff.
[5] Vergl. Ritschl, Parerg. S. 217 Anm.
[6] S. Mommsen, Röm. Gesch.^{5} I 900 Anm.

Namen des Stückes und des Dichters dem Publikum kund thun konnte[1]). — Die Schauspieler (*actores*) waren Sklaven oder Freigelassene; an der Spitze der Truppe stand als **dominus** oder **actor** im engern Sinne[2]) ein Freigelassener, selten wohl ein Freigeborener. Anfangs brachten die Dichter ihre Stücke selbst zur Aufführung[3]), indem sie taugliche Sklaven und Freigelassene für den Zweck mietheten. Schon Plautus war nicht mehr selbst actor; sein *Stichus* betiteltes Stück wurde nach der uns erhaltenen Didaskalie von C. **Publilius Pollio** auf die Bühne gebracht, der auch vom Dichter selbst Bacch. V. 214 f. als tüchtiger Director erwähnt wird.

An solche Theaterdirectoren, welche übrigens auch selbst zugleich Rollen der Stücke übernahmen[4]), wandten sich die festgebenden Personen, um Vorschläge für die scenische Abtheilung der von ihnen beabsichtigten *ludi* zu erhalten. Die Dichter standen zunächst nur mit jenen **actores** in Verkehr, welche den Dichtern ihre Stücke für ihr Geld abkauften oder zurückwiesen und somit von grossem Einfluss werden konnten auf das Schicksal und die Entwickelung dichterischer Talente (s. Ritschl, Parerg. S. 327—336). Ausnahmsweise mochten auch je nach dem Verständniss und Interesse der Festgeber für solche Sachen diese eine **directe** Wahl der Stücke ausüben[5]). Auch materiell trugen die *domini* als **Schauspielunternehmer** das Risico des Erfolges. Von den Festgebern, welchen natürlich sehr daran gelegen war, dass das Volk Gefallen finde an den von ihnen mit grossen Kosten hergerichteten Spielen, wurde den Theaterdirectoren je nach Gelingen oder Misslingen einer scenischen Aufführung ein höherer oder geringerer Preis ausbedungen, um ihr Interesse an einer gelungenen Wahl des Stückes und sorgfältiger Aufführung zu erhöhen[6]). Die Dirigenten ihrerseits pflegten nach einer gelungenen Aufführung die tüchtigen Glieder ihrer Truppe durch einen Festschmaus zu belohnen; wenigstens haben wir keinen Grund daran zu zweifeln, dass die scherzhaften Verse am Schluss der Cistell. des Plautus

... *ornamenta ponent. postidea loci,*
Qui deliquit, uapulabit; qui non deliquit, bibet —

zugleich **ernst** gemeint seien (vergl. Plaut. Rud. V. 1418 ff.).

---

[1]) Vergl. *De prol. Plaut. et Terent. quaest. sel.*
[2]) Vergl. Rhein. Mus. N. F. XX S. 587 ff.
[3]) Vergl. Einl. S. 6.
[4]) Unter Anderem vergl. Ter. Heaut. Prol. V. 37 ff.
[5]) Vergl. Einl. S. 9.
[6]) Unerwiesen ist die Behauptung Mommsen's Röm. Gesch. I² S. 900, dass die **Dichter** ihr Honorar nur erhielten, wenn das Stück nicht durchfiel. Vergl. besonders Ter. Hec. Prol. II V. 48 f. (56 f.):
Vt lubeat scribere aliis mihique ut discere
Nouas expediat posthac **pretio emptas** *meo.*
Dazu s. Rhein. Mus. N. F. XXI 471 ff.

Die **Zahl** der Schauspieler war sicher — anders als bei den Griechen — durch keine andere als **äussere** Rücksichten beschränkt. Der *dominus gregis* wird schon der Kosten wegen nicht **unnöthig viele** Schauspieler verwandt und ein Stück lieber mit wenigen guten als mit einer grösseren Zahl unbewährter Schauspieler gegeben haben[1]). Einen **ständigen** Chor hatte die lateinische Palliatkomödie so wenig wie die letzte Periode des neuen **griechischen** Lustspiels. Ausnahmsweise erscheint etwas dem Aehnliches (jedoch auf dem **Proscenium**, nicht etwa in der Orchestra), wahrscheinlich schon nach dem griechischen Originale, wie der **Chor der Fischer** bei Plautus Rud. (V. 290 ff.)[2]). Terenz hat dergleichen nicht. Im Allgemeinen fand das römische Publikum grosses Gefallen an prächtigen Aufzügen, und diese Geschmacksrichtung begünstigte das Vorführen grossartiger **Chöre**, zunächst in der Tragödie (s. O. Jahn im Hermes II 227 ff.). — Die **weiblichen** Rollen wurden durch Schauspieler gegeben; erst in später Zeit traten nach Donat zu Andr. IV 3 V. 1 (716) Schauspielerinnen auf. — Der Gebrauch von **Masken** kam nach den uns vorliegenden Nachrichten erst in der Zeit bald nach Terenz durch die Schauspieldirectoren **Cincius Faliscus** und **Minucius Prothymus** in Gebrauch; bis dahin begnügte man sich mit Perrücken und Schminken[3]). — **Ort der Handlung** ist in der *comoedia palliata* ausschliesslich eine **griechische** Stadt oder Colonie, bez. eine Gegend in ihrer Nähe. Meist ist es **Athen**[4]). Spielte das Stück überhaupt in einer Stadt, so stellte das Proscenium die offene Strasse dar, die Hinterwand bilden, entsprechend den drei Eingängen in den Fürstenpalast der griechischen Tragödie, drei einfache Häuser. Zwei derselben standen, wie es scheint, in Verbindung mit einander, das dritte (nämlich das rechts gelegene) war von ihnen dagegen durch einen schmalen Durchgang

---

[1]) Untersuchungen wie von Friedr. Schmidt, Zahl d. Schauspieler bei Plaut. u. Ter. . . (Erlangen 1870) (vergl. C. Steffen in Act. soc. phil. Lips. II 109 ff., 128 ff.) halte ich insofern für werthvoll, als dadurch festgestellt wird, mit wie vielen Personen ein Stück durchgeführt werden konnte, und uns so manche Rückschlüsse auf das griechische Original, auf Contamination u. dergl. ermöglicht werden. Daraus auf eine feste Regel und etwaige Selbstbeschränkung der lateinischen Dichter bei Composition ihrer Stücke zu schliessen, wage ich nicht.
[2]) Vergl. H. Usener im Rhein. Mus. N. F. XXII 446; XXVIII 418 ff. Als ein von den Schauspielern gesonderter Chor tritt bei Plautus meines Erachtens auch die 'Caterua' am Schlusse der (**Bacchides**), Captiui, Cistellaria, sowie der 'Grex' am Ende der Asinaria auf. Besonders sind die Schlussverse der Caterua in der Cistellaria zu beachten: *Ne exspectetis, spectatores, dum illi huc ad uos exeant:* Nemo exibit; omnes intus *conficient negotium.*
[3]) Anders C. Steffen in Act. soc. phil. Lips. II 154 ff.; vergl. jedoch meine Bemerkung in Jen. Literaturzeit. 1874 S. 29.
[4]) Vergl. Rhein. Mus. N. F. XXIV 571 ff. Dass der **Phormio** ebenda spielt, beweisen V. 114. 837.

(angiportus oder *angiportum)* getrennt. In diesen konnten Personen von der Bühne zurücktreten und von Neuauftretenden unbemerkt deren Gespräche belauschen (vergl. Anm. zu V. 891). **Rechts** von den Häusern (vom Zuschauerraume aus betrachtet) führt die Strasse nach dem **Forum** und ins **Innere** der Stadt, links nach dem **Hafen** und auf das **Land**[1]). Was die **Form** der Terenzischen Lustspiele betrifft, so lehnt sich dieselbe, wie die der lateinischen Palliatkomödie überhaupt, im Grossen und Ganzen an das griechische Vorbild an. Der Haupttheil eines jeden ist im iambischen Senar abgefasst, einer dem griechischen Trimeter nachgebildeten Versform. Hatte aber schon die griechische Komödie dem strengen Trimeter der Tragödie durch die häufige Anwendung aller dort mehr vereinzelt vorkommenden Freiheiten (wie Auflösung der Länge und Ersatz des Iambus durch einen Anapaest in den fünf ersten Füssen) eine verschiedene, der Sprache des täglichen Lebens mehr entsprechende Gestalt gegeben, so gingen die Lateiner noch viel weiter in dieser Richtung. Verständniss für die wesentliche Verschiedenheit der geraden und ungeraden Stellen jenes Verses hatten sie nicht und benannten ja auch den **Trimeter** '**Senar**'. Dem entsprechend wurde die Anwendung jener Freiheiten auf **alle** fünf ersten Füsse des Verses ohne principiellen Unterschied ausgedehnt. Nur der letzte Fuss muss ausnahmlos, um den Abschluss und den Charakter des Verses zu markiren, ein reiner Iambus (bez. ein Pyrrhichius) sein. Erweitert wurden die Freiheiten auch noch dadurch, dass namentlich im 1. Fusse, aber auch in den folgenden mit Ausnahme des letzten durch Auflösung der Länge eines Anapaestes der Proceleusmaticus ($\smile\smile\smile\smile$) eintritt (s. Phor. V. 48. 276. 370. 733. 768. 776. 966. 968. 999). In solchen Fällen muss freilich vor die Ictussilbe ein Wortende fallen[2]). Die Traditionen des Saturnischen Verses, dessen Senkung sehr frei behandelt wurde, mögen nicht ohne Einfluss auf die Metrik der alten lateinischen Dramatiker geblieben sein (s. S. 5). Von den verschiedenen **Caesuren** ist die sogenannte Penthemimeres weitaus die häufigste, darnach die nach der Senkung des vierten Fusses, häufig mit einem Wortende nach dem zweiten Iambus verbunden[3]). Ohne eine der beiden Caesuren finden sich nur wenige Verse; diese haben dann eine Trithemimeres (z. B. V. 60). Dabei ist aber zu bemerken, dass dem Bedürfniss einer rhythmischen Unterbrechung des Verses

---
[1]) Falsch argumentirt W. Hahn, Scaen. quaest. Plaut. S. 24 ff., wenn er in den Plautinischen Stücken das Forum rechts, in andern links gelegen sein lässt.
[2]) Vergl. Ritschl, Proleg. in Plaut. Trin. S. CCLXXXVIII ff. — Die Bevorzugung des 1. Versfusses vor den andern in Bezug auf Anwendung von Freiheiten hat man sich mehr als quantitative denn als qualitative zu denken. — Obige Verse enthalten übrigens auch die aus iambischen Octonaren entlehnten Beispiele.
[3]) S. Ritschl a. O. S. CCLXXX ff.

schon dann genügt ist, wenn die Silbe, hinter welcher eine der genannten Caesuren eintreten sollte, durch die sog. Elision (richtiger durch die **Synaloephe**) verschwindet (z. B. V. 87: *Nos otiosi operam dabamus Phaedriae*). Auch sonst sind bei Eintritt der Synaloephe — und diese kommt fast in jedem Verse mehrere Male vor — metrische Freiheiten gestattet, welche sonst anstössig wären.

Nächst dem Senar kommen in den Komödien der **trochaeische** und der **iambische Septenar** am häufigsten vor. Jener entspricht einem griechischen katalektischen troch. Tetrameter, wird aber mit den gleichen Freiheiten wie der Senar behandelt, und ist auch der Einschnitt nach dem 4. Trochaeus nicht unbedingt erforderlich. Verstärkt man den Senar am Anfang durch zwei Hebungen und eine dazwischen liegende Senkung ($\perp \cup \perp$ mit den verschiedenen möglichen Variationen), so erhält man den troch. Septenar. — Der **iambische Septenar**, einem griechischen katalektischen iamb. Tetrameter vergleichbar, hat nur den vierten Fuss, wie der Senar den sechsten, als reinen Iambus erhalten und hat meist nach diesem, nicht selten erst nach der fünften Senkung eine Caesur. Im ersteren Falle geniesst der folgende (5.) Fuss öfters die grössere Freiheit eines Anfangsfusses, so dass gerade an dieser Stelle oft ein Proceleusmaticus eintritt (z. B. Phor. V. 762).

Schon zu den **lyrischen** Metren mit besonderen Eigenthümlichkeiten in Rhythmus und Prosodie[1]) gehören sodann der **iambische** und **trochaeische Octonar**. Einen Unterschied in der Behandlung der geraden und ungeraden Versfüsse machen auch sie nicht mit Ausnahme des letzten Fusses, welcher — mit Anticipität der letzten Silbe — rein bleibt, jedoch so, dass für die letzte Hebung des troch. Octonars auch zwei Kürzen gesetzt werden können. — **Freiere** lyrische Metra sind bei Terenz selten. Am häufigsten sind dann **baccheische** und **cretische Tetrameter**, in welchen die Cretici ($\perp \cup \perp$) und Bacchien ($\cup \perp \perp$) die Auflösung einer der beiden Längen zulassen[2]).

Eingemischt unter die längeren Arten der bezeichneten Verse werden **vereinzelte** kürzere Glieder vom gleichen Rhythmus, welche in zusammenhängender Reihe sonst nicht vorkommen; iambische Quaternarii in iamb. Octonarii Phor. V. 163. 183. 191, katalektische trochaeische Quaternarii in troch. Septenare Phor. V. 729 (503b); katal. troch. Binarii (z. B. Phor. V. 195). Ihre metrische Gestaltung stimmt im Uebrigen mit der der andern Verse überein. Einzelne Worte, Anrufe und Ausrufe enthaltend, treten zuweilen vor einen Vers, z. B. Phor. V. 485 *Dorio*.

So konnten die römischen Dramatiker — denn dies gilt nicht

---

[1]) Vergl. G. Hermann, Elem. doctr. metr. cap. IX u. XVII; Ritschl, Opusc. phil. II 582 f.
[2]) S. G. Hermann a. O. S. 205 ff. 294 ff.; C. F. W. Müller, Plaut. Pros. S. 619 ff.

von der *comoedia palliata* allein — ihren Stücken je nach Lage und Stimmung der auftretenden Personen durch die Wahl entsprechender metrischer Formen eine grosse Mannigfaltigkeit verleihen. Zumeist beruht diese auf dem Wechsel iambischer und trochäischer Metren, von welchen sogar einzelne den Römern ganz geläufige Formen (wie der troch. und iamb. Septenar, der iamb. Octonar) in der griech. Komödie selten oder nie vorkommen. Dagegen treten im Vergleich zu den griechischen Vorbildern die anapästischen Masse entschieden zurück, ohne Zweifel weil die ältere lateinische Sprache aus Mangel an entschiedenen Kürzen zu ungelenk für jene Metra war.

Hand in Hand mit dem für uns völlig zu übersehenden Wechsel der Metra eines römischen Lustspiels ging ein ebenso mannigfacher Vortrag der einzelnen Scenen mit oder ohne Musikbegleitung[1]). Wir haben in dieser Beziehung **drei** Arten von Scenen zu unterscheiden: die einen, lyrischer Natur, wurden unter Musikbegleitung **recitativisch** gesungen; die zweite Classe, nämlich die in trochäischen oder iambischen Septenaren abgefassten Scenen, wurde ebenfalls mit Musik, aber **melodramatisch** vorgetragen; die dritten endlich, sämmtliche Senarscenen umfassend, wurden ohne Musikbegleitung einfach **gesprochen**. In den Textausgaben des Alterthums wurden den einzelnen Scenenüberschriften Buchstaben beigefügt zur Bezeichnung ihres Vortrags, und in einigen Plautushandschriften haben sich noch Reste dieser Notirung erhalten. Darnach hatten die beiden ersten Arten von Scenen wegen der gemeinsamen Musikbegleitung das Zeichen *C*. (= *canticum*), die dritte Gattung die Buchstaben *DV*. (*deuerbium* oder, wie man allgemein schreibt, *diuerbium*[2])). In den Terenzausgaben führten, wie aus Donat zu ersehen ist, die Scenen erster Art das besondere Zeichen *M.M.C.* (= *modi mutati cantici*), die dritte Art gleichfalls *DV*.[3]), die zweite Art nach Ritschls Annahme — Donat berichtet dies nicht — ein einfaches *C*.

Musik hatte ausserdem noch vor Beginn des Stückes (vor dem Prolog) und in den Zwischenpausen der Acte Statt[4]). Sie wurde von einem besonderen Musikverständigen componirt, nicht vom Dichter. Hoch stand diese Thätigkeit nicht in der Achtung des römischen Publikums; wenigstens erscheinen für die Stücke des Plautus und Terenz nur **Sklaven** als diejenigen, welche die Musik

---

[1]) S. Ritschl, Rhein. Mus. N. F. XXVI 599—637.
[2]) S. Rhein. Mus. N. F. XXVI 101 ff. und N. Jahrb. f. Phil. 1871 S. 819 ff.; Bücheler ebenda S. 273 f. und Ritschl a. O. S. 618 Anm. 48.
[3]) Gerade im Phormio hat sich vor Act II Sc. 4 ein Rest dieser Notirung erhalten; s. Rhein. Mus. N. F. XXIX 54 Anm. 1.
[4]) Für den zweiten Punkt ist, von Anderem abgesehen, eine Stelle des Plautinischen Pseudulus entscheidend am Ende des I. Actes (V. 573):
Tibicen uos interea hic delectauerit.
Um so weniger Bedenken erregt die Nachricht Donats wegen der Ouverturen zur Flöte (vergl. De prol. Plaut. et Ter. S. 13 ff.).

lieferten. Für sämmtliche Stücke des Terenz ein **Flaccus**, Sklave des **Claudius**. Ausgeführt wurde die Musik von einem einzigen Flötenbläser (*tibicen*), wahrscheinlich dem Componisten selbst, auf einer Doppelflöte. Von diesem mehr unserer Clarinette als Flöte vergleichbaren Instrumente, bei welchem in beide Rohre zugleich geblasen wurde, lernen wir aus den erhaltenen Didaskalien vier verschiedene Arten kennen, die *tibiae* **pares**, *t.* **impares**, *t.* **Sarranae** und *t.* **duae dextrae**[1]). Ohne dass wir über den Unterschied dieser Arten genauer unterrichtet sind, lässt sich doch mit Gewissheit annehmen, dass die Wahl der Art von dem Charakter und der Stimmung des Stückes abhing; vom Heauton timorumenos wissen wir, dass im Stücke selbst die Flötenart wechselte[2]).

Eine wichtige Abweichung von der modernen Bühnenpraxis ist es, dass nach Livius VII c. 2 § 8 ff. schon seit Livius Andronicus durch die ganze Blüthezeit des römischen Lustspiels die *cantica* (wohl nur die im engern Sinne) von einem besondern in der Nähe des Flötenbläsers aufgestellten **Sänger** vorgetragen wurden, während die **Schauspieler** dazu nur **agirten**. Auf diesen Sänger nimmt auch Horaz Bezug an einer bekannten Stelle A. p. V. 154 f.:

*Si plosoris eges aulaea manentis et usque
Sessuri, donec* **cantor** *'Vos plaudite' dicat q. s.*

Da ein solcher besonderer Sänger nicht gerade bloss für die Schlussworte eines Dramas wird verwendet worden sein, so liegt in den angeführten Versen ein Beweis für die Richtigkeit der Livianischen Notiz.

Eine Eintheilung der Stücke in **Acte** bestand schon zur Zeit des Plautus und Terenz. Dies wird nicht blos von Donat ausdrücklich berichtet, sondern geht auch aus der oben angeführten Stelle des **Pseudulus** hervor. Auch Ter. Hec. Prol. II V. 31 (39) (*Primo actu placeo*) scheint *actus* in dem speciellen Sinne gebraucht zu sein; für Cicero und Horaz ist die Acteintheilung bereits ganz geläufig[3]). Indess wurden, wie Donat ebenfalls ausdrücklich bezeugt[4]), von den alten Komödiendichtern die Grenzen der Acte nicht fest gezogen, sondern sie überliessen es dem Theaterdirector, mit Rücksicht auf die abnehmende oder noch rege Aufmerksamkeit des Publikums die Zwischenpausen früher oder später an geeigneten Stellen eintreten zu lassen[5]). Daher kommt es vielleicht auch, dass

---

[1]) Vergl. Rhein. Mus. N. F. XX 594 ff.; ausserdem Ed. a Brunér, Quaest. Terent. (Helsingfors 1868) S. 3 ff., dem ich aber nur in wenigen Punkten glaube zustimmen zu dürfen.
[2]) *Acta primum tibis inparibus deinde duabus dextris* heisst es in der Didaskalie des Stückes.
[3]) Vergl. Teuffel, Röm. Lit.² S. 24 f.
[4]) S. Donat *Arg. in Ad.* a. E.
[5]) Geeigneter Stellen. d. h. solcher, an welchen die Bühne gerade leer von Personen ist, gibt es in den einzelnen Stücken meist mehr als

die Handschriften, wenigstens alle älteren, keine Acteintheilung haben. Von den Grammatikern und Commentatoren des Alterthums wurden sie allerdings bereits — unter sich abweichend — nach inneren Gründen festgesetzt. Dagegen ist die **Sceneneintheilung** sehr alt. Es war Brauch jeder einzelnen Scene ein vollständiges Verzeichniss der darin auftretenden Personen vorauszuschicken, auch wenn dieselben bereits in der vorhergehenden Scene auf der Bühne waren. Dem Namen jeder Person fügte man die Bezeichnung ihrer Rolle bei, und ausserdem war jede nicht stumme Person mit einem Buchstaben des griechischen Alphabets bezeichnet, welche auch im Text der folgenden Scene zur Personenbezeichnung dient. Dass mit diesen Buchstaben, welche sich in unsern Terenz- und Plautushandschriften noch mehr oder weniger vollständig erhalten haben, ursprünglich zugleich die Vertheilung der Rollen unter die einzelnen Schauspieler gegeben war, ist unzweifelhaft[1]). Für die Sceneneintheilung selbst scheinen in unsern Handschriften zwei verschiedene Principien befolgt zu sein. Nach dem einen, obiectiven aber mehr **äusserlichen** Princip fällt Personen- und Scenenwechsel (von stummen Personen abgesehen) fast völlig zusammen (so im Bembinus). Ausgenommen sind hierbei Fälle, in welchen eine Person nur ganz vorübergehend die Bühne verlässt, um sogleich zurückzukehren (vergl. Phor. V. 445), oder wo die zurückbleibenden Personen bis zum Eintritt einer neuen Scene nur Weniges und Unwesentliches zu sprechen haben (s. Phor. V. 219. 778. 816). Das andere Princip lässt eine neue Scene nur dann anfangen, wenn der Personenwechsel dem Gange der Handlung eine **wesentliche** Wendung gibt (s. Phor. V. 795. 884). Das erstere Princip scheint nach den Handschriften zu urtheilen, welche es vertreten, älter zu sein; ihm habe auch ich mich in der folgenden Ausgabe angeschlossen[2]).

Eigenthümlichkeiten, durch welche **Prosodie** und **Sprache** des Terenz von den späteren classischen Schriftstellern abweichen, sind bei weitem weniger zu verzeichnen als noch für den wenig älteren Plautus. Indem ich die Besprechung von Einzelnheiten für die Anmerkungen aufbewahre, fasse ich im Folgenden nur die oft oder regelmässig sich wiederholenden Erscheinungen summarisch zusammen.

---

vier. — Uebrigens hat doch zuweilen ein Dichter, wie Plautus im Pseudulus a. O., die Stelle einer Zwischenpause selbst bestimmt.
[1]) Vergl. Ritschl, Trin.² Praef. S. LV f.; Teuffel, N. Jahrb. f. Phil. 1872 S. 108; C. Steffen, Act. soc. phil. Lips. II 107 ff. und dazu meine Bemerkungen in Jen. Lit.-Zeit. 1874 S. 28 f.
[2]) Nicht beistimmen kann ich Ritschl, welcher Opusc. phil. II 365 ff. (vergl. Trin.² Praef. S. LVIII f.) nur beim **Auftreten** von Personen eine neue Scene ansetzt, beim **Abtreten** solcher indess nicht ebenfalls. Dabei wird meines Erachtens der durch die Scenenüberschriften gerade beabsichtigte Zweck nicht erreicht.

A. Prosodie.

I. Vocale.

In den Endsilben von Wörtern des älteren Lateins giebt es eine Reihe von Natur langer Vocale mit oder ohne folgenden Consonanten, welche in der Folgezeit verkürzt werden. Die betreffenden Silben sind daher lang. Bei Terenz hat sich noch sicher erhalten -*īt* in der 3. Pers. sing. ind. perf. act.; z. B. Phorm. V. 9. 776. S. Fleckeisen in N. Jahrb. f. Phil. Bd. 61 (1851) S. 20 ff. Bd. 103 (1871) S. 809 f.; A. Klette, Exerc. Ter. (Bonn 1855) S. 3—9; C. F. W. Müller, Plaut. Pros. S. 71 ff.

II. Consonanten.

a. Das ältere Latein hatte von Anfang an **keine Gemination der Consonanten** und dem entsprechend schwankte es vielfach zwischen geschärfter und schwacher Aussprache der zugehörigen Silben. Im ersteren Falle wurden sie metrisch lang, im letzteren kurz. Erst Ennius hat durch Einführung der Consonantenverdoppelung in die Schrift dem Schwanken ein Ende gesetzt, wenn auch natürlich seine Normen nicht sogleich allgemeine und unbedingte Giltigkeit erlangten[1]). Terenz steht bereits unter dem Einfluss der Ennianischen Neuerung, hat daher nicht mehr Messungen wie Plaut. Trin. V. 964 *ăccepisti* (vergl. Ritschl Trin. ² Anm. z. d. St.), gebraucht aber doch bei oft vorkommenden Wörtern wie *eccum* u. s. w., *esse*, *ille* die erste Silbe in der Senkung auch kurz. Vielleicht gehört hierher auch *Supĕllectile* Phor. V. 666 (s. Einl. S. 26).

b. Da in der Aussprache des gewöhnlichen Lebens Consonanten flüssiger Natur besonders am **Ende**, aber auch in der **Mitte** von Wörtern fast unhörbar werden (die Inschriften beweisen das deutlich) und die lateinischen Komödiendichter ihr sprachliches Material zunächst dem Munde des Volkes entnehmen mussten; so erklärt es sich leicht, dass gewisse Consonanten vor Allem am **Ende der Wörter** von der Prosodie unter Umständen **unberücksichtigt** bleiben können. Dass *m* vor folgendem Vocal und *h* durchweg nicht beachtet wird, hat die Praxis der classischen Zeit beibehalten. Aehnliches gilt lange Zeit vom schliessenden *s* nach kurzen Vocalen, welches vor Consonanten in der Senkung nach Bedürfniss seine Geltung verlieren kann; z. B. Phor. V. 10... *măgĭs stetisse*, dagegen V. 35 . . . *populăris Geta*. Ebenso macht in der Thesis *m* am Ende und selbst in der Mitte von Wörtern vor Consonanten keine Position Phor. V. 307. 546. 662. 686; *n* am Ende von Wörtern V. 266. 810. 862. 999; in der Mitte von Wörtern V. 439. 681. 725. 806: *r* am Ende von Wörtern V. 50 (vergl. aber

---

[1]) Vergl. Brambach, Neugest. d. lat. Orth. S. 13. 18; Aug. Luchs in Studemunds Stud. z. arch. Lat. I 74.

S. 27). 342. 532. 601; *d* am Ende von Wörtern V. 150. 266. 648.
723. 859. 940. 979; *t* am Ende von Wörtern V. 352. 396. 415.
733. 934; *st* (in *est*) vor Vocalen oder Consonanten V. 178. 411.
513. 563. 600. 638; (in *östenderem*) V. 793; *c* (in *hic* und *hoc*)
vor Consonanten V. 209. 535. 626. 739. 819. 1000; (In *hănc*)
V. 370. Indess steht in allen diesen Fällen die verkürzte Silbe
unmittelbar vor oder nach der Arsis[1]), so dass die starke Hervorhebung der nächstfolgenden oder nächstvorhergehenden Silbe mit
zur Kürzung der anderen Silbe beiträgt.

III. Einfluss des Wort- und Versaccentes.

Die eben erwähnte Wirkung des Versaccentes zeigt sich
noch deutlicher in Fällen wie V. 434 *Seněctútem*; V. 776 *úxórem*;
V. 557 *ărgénti*; V. 725 und 960 *ípsíus* bez. *ípsa*; V. 666 *Supěl-léctile* (vergl. jedoch Einl. S. 25). An eine verflüchtigte Aussprache
der betreffenden Consonanten ist kaum zu denken und daher eher
eine Art Synkope anzunehmen, wie sie in *benficium, malficium* u. s. w.
auch graphisch eingetreten ist (s. Ritschl, Trin.[2] Index u. d. W.).

Besonders häufig ist bei den alten Lustspieldichtern die Verkürzung eines iambischen Wortes, wenn die letzte Silbe in der
Senkung steht. Ausser den unter II *b* angeführten Beispielen, so
weit sie hierher gehören, s. Phor. V. 59. 261. 309. 516. 563.
609 (?). 712. 777. 787. 803. 883. 972. 994. Zur Wirkung
des Versaccentes kommt in diesen Fällen der Einfluss des auf der
ersten Silbe ruhenden und so die zweite schwächenden Wortaccentes hinzu, welchem wir gewiss auch die regelmässige oder
doch sehr häufige Kürzung der Endsilben in *mihi, tibi, sibi, ibi,
ubi, modo* u. ähnl. zuzuschreiben haben. Auf die Wirkung des
Wortaccentes beziehe ich ferner die häufige, selbst bei Dichtern
der classischen Zeit vorkommende Verkürzung der Paenultima im
Perfectum ind. act. (z. B. Eun. Prol. V. 20 *eměrunt*). Die Volksaussprache hat nämlich vielfach ohne Rücksicht auf die Quantität
der vorletzten Silbe die Betonung der Stammsilbe in Flexion und
Ableitung beibehalten. Sie betonte daher *émerunt* mit Kürzung
der Paenultima neben *eměrunt*, das in *eměre* gekürzt werden
konnte, während bei Kürzung der letzten Silbe die Quantität der
vorletzten stets lang ist. Ebenso ist zu erklären *dedísti* bei Plaut.
Trin. V. 129 (s. Ritschl II. Ausg.), ebenso wohl auch die Ancipität
von *illíus, istíus* u. ähnl.

Gewissermassen eine umgekehrte Wirkung des Versaccentes
tritt in den zahlreichen Fällen hervor, wenn einsilbige auf einen
langen Vocal oder ein *m* ausgehende Wörter vor folgendem Vocal
oder *h* nicht nothwendig elidirt, sondern nach Bedürfniss auch als

---

[1]) Nur in sehr wenigen Fällen wie V. 307 (Němpe) und V. 681 (Înde)
steht die verkürzte Silbe am Anfang des Verses, also nicht unmittelbar
bei einer Hebung.

Kürzen mit dem **Versictus** verwandt werden; z. B. Phor. V. 27:
.. *qui aget* .. Dass diese Freiheit eine **weitere** Ausdehnung
gehabt habe (allzu weit geht auch Aug. Luchs in Studemunds
Stud. z. arch. Lat. I 22 f.), halte ich für unerwiesen (vergl. C. F.
W. Müller, Plaut. Pros. S. 725 ff.).

IV. Synizesis.

Zwei **inmitten** eines Wortes zusammentreffende Vocale, welche
nicht einen Diphthong bilden, bleiben der Regel nach auch im
Verse getrennt (z. B. Phor. V. 2 *studio, ottum* dreisilbig). **Verschmelzung** tritt dagegen **nothwendig** ein bei der Vereinigung
ursprünglich getrennter Wörter (z. B. *antehac* in V. 4 zweisilbig).
Sie **kann** ausserdem Statt haben in *scio, ais, ait* (*ain* ist immer
einsilbig, *aibam* u. s. w. zweisilbig), *diu* (*diūtius* Phor. V. 182);
in den verschiedenen Formen von *dies, deus, meus, is, idem, eo* (im
Simplex), *fuisse, tuus, suus, duo, puer* (vergl. S. 25) und *puella*[1]);
ferner *quoius, quoi, huius, huic*[2]). Bei Wörtern, von welchen die
Sprache neben der vollen auch eine contrahirte Form hat, wie *mi*
neben *mihi, nil* neben *nihil, prendo* neben *prehendo* u. s. w.,
bieten die Terenzhandschriften fast ausnahmslos die gedehnte Form,
auch da, wo das Metrum die kurze Form verlangt. Ich habe
im folgenden Text mich der Consequenz wegen nach der vom
Metrum geforderten Aussprache gerichtet.

B. Sprache.

I. Die **Vocale** der lateinischen Sprache zeigen in deren Entwickelung ziemlich gleichmässige Uebergänge. Eine Reihe von
Wörtern steht nun in dieser Beziehung auf einer früheren Stufe
der Vocalentwickelung als die classische Zeit. So wird nach *u*
regelmässig *o* gesetzt, wo die spätere Zeit *u* beliebt; z. B. *seruos,
tuos* u. s. w. Ferner *uo*, wo später *ue* erscheint: z. B. *uoster,
uorto* u. s. w. Ebenso *u* für *e* in dem sogen. Gerundium und Gerundivum der 3. und 4. Conjugation (s. Neue, Lat. Formenl. II
349 ff.). Sehr häufig erscheint *u* für späteres *i*, namentlich in
allen Superlativen wie *optumus*. Für *ī* wurde vielfach *ei* gebraucht,
obschon dieses in unsern Handschriften sich meist wieder verloren
hat. Das *u* für *o* in Wörtern wie *adulescens* stellt zwar eine
jüngere Stufe der Lautentwickelung dar, steht aber in solchen
Wörtern bei den Komödiendichtern ausschliesslich und ist erst spät
durch den älteren Laut *o* verdrängt worden.

---

[1]) S. Ritschl, Prol. in Trin. cap. XII. Dagegen sucht C. F. W. Müller,
Plaut. Pros. S. 456 ff. die Erscheinung im Ganzen durch Annahme von
Verkürzung jedes zweiten Vocals, zum Theil auch durch Conlectur in Abrede zu stellen. Indess sind Fälle wie Phor. V. 562 (*ēamus*) für mich
völlig beweisend.

[2]) Vergl. Anm. zu Phor. V: 648.

II. Unter den Consonanten ist vor Allem *q* zu beachten, welches mit *uo* regelmässig da erscheint, wo die spätere Zeit einfache *cu* verwendet; also *quoius, quoi, quom, quor* u. s. w. — Eine Assimilation der Consonanten tritt in der Regel nicht ein, namentlich nicht bei *in*, ausser wie es scheint, in dem sehr gewöhnlichen Worte *imperium*, *impero* u. s. w.; meist auch nicht bei *con*, namentlich nicht vor *l, p* (jedoch *complures* u. s. w.) und *r*. *Ad* wird nur vor *ce (accedo* gegen *adcurro)* und vielleicht vor *pe (appello* gegen *adporto, adprobat* u. ähnl.) assimilirt; zweifelhaft ist die Assimilation vor *t* (vergl. V. 24 bei Umpfenbach). *B* in *ab* und *ob* geht vor *p, s* und *t* in *p* über. — Höchst schwankend ist die Schreibung der Handschriften in Bezug auf *d* oder *t* am Ende der mehrsilbigen Pronomina und mehrerer Partikeln und war es sicher auch im Alterthume. Ich bin der üblichen Orthographie gefolgt, so weit nicht die Ueberlieferung entschieden das Gegentheil rieth (s. Anm. zu V. 159). — Mehrere Wörter erscheinen ohne anlautendes *h*, welche nach der später üblichen Orthographie mit aspirirtem Vocal anfangen, z. B. *erus, umerus* u. s. w.

Die Copula *es* und *est* geht, wenn ein kurzer Vocal mit *s* vorausgeht, häufig als selbständige Silbe ganz verloren: — *s es* verschmilzt zu — *'s*, — *s est* zu — *st*. In Uebereinstimmung damit wird *est* bei vorausgehendem Vocal oder *m* oft mit dem betreffenden Worte verschmolzen, ohne dass unsere Handschriften darin sich consequent zeigen.

P. Terenti Afri

PHORMIO.

INCIPIT · TERENTI · PHORMIO ·
ACTA · LVDIS · ROMANIS ·
L · POSTVMIO · ALBINO ·
L · CORNELIO · MERVLA · AEDILIB · CVRVLIB ·
EG*IT* · L · AMBIVIVS · TVRPIO ·
MODOS · FECIT · FLACCVS · CLAVD*I* ·
TIBIS · INPARIBVS · TOTA ·
GRAECA · APOLLODORV · EPIDICAZOMENOS ·
FACTA · EST · IIII ·
C · FANNIO · M · VALERIO · COS ·

Διδασκαλίαι, Aufführungen, heissen bei den Griechen auch die literarhistorischen Notizen, welche sich auf die ersten Aufführungen der einzelnen Dramen beziehen. Systematisch und in weitem Umfang wurden dieselben von den Alexandrinischen Gelehrten bearbeitet, und in der Folge jedem Drama am Ende der '*ὑπόθεσις*' seine Didaskalie, zunächst für die erste Aufführung, vorausgeschickt. Römische Grammatiker seit der Mitte des 2. Jahrh. v. Chr. ahmten diese Sitte für die lateinischen Dramatiker nach, als bedeutendster M. Terentius Varro in der Schrift *De actionibus scenicis* (s. Ritschl, *Par. Plaut.* S. 319 ff.). Sie bedienten sich bei ihren Arbeiten hauptsächlich der in den Schauspielerexemplaren erhaltenen Notizen (s. Einl. S. 15).

Die erste Aufführung des Phormio, zu welcher obiger 'titulus' gehört, fand also an den **ludi Romani** (s. Einl. S. 16) des Jahres **161** v. Chr. durch den Schauspieldirector **L. Ambivius Turpio** (s. Einl. 18) Statt. Ueber die Festgeber vergl. Einl. S. 16, über den Componisten und die Musik Einl. S. 22 f., über die Reihenfolge der Stücke Einl. S. 11. — *cos.* oder *coss.*, nicht *cons.* ist die regelmässige Form bei Jahresangaben, entsprechend der volksmässigen schwachen Aussprache des *n* vor *s;* vergl. Einl. S. 25.

Wieder aufgeführt wurde — vielleicht nach andern Wiederholungen — das Stück im J. 141 v. Chr. an den Megalensischen Spielen, wahrscheinlich durch den 'actor' L. Atilius Praenestinus (s. Rhein. Mus. XXI 70 ff.).

G. SVLPICI APOLLINARIS PERIOCHA.

Chremétis frater áberat peregre Démipho
Relicto Athenis Ántiphone lilio.
Chremés clam habebat Lémni uxorem ac filiam,
Athénis aliam cóniugem et amantem únice
Gnatúm fidicinam. máter e Lemno áduenit 5
Athénas; moritur; uírgo sola (aberát Chremes)
Funús procurat. ibi eam cum uisam Antipho
Amáret, opera párasiti uxorem áccipit.
Pater ét Chremes reuérsi fremere. dein minas
Trigínta dant parasíto, ut illam cóniugem 10
Ilabéret ipse; argénto hoc emitur fidicina.
Vxórem retinet Antipho a patruo ádgnitam.

Kurze Inhaltsangaben (περιοχαί), bei Dichtern in metrischer Form, wurden gerade im 2. Jahrhundert n. Chr., in welche Zeit eine Renaissance der früheren Literatur fällt, den einzelnen Werken der älteren römischen Schriftsteller vorgesetzt. So verfasste um die Mitte jenes Jahrhunderts C. Sulpicius Apollinaris aus Karthago, der Lehrer des A. Gellius und des Kaisers Pertinax, die Inhaltsangaben zu den Stücken des Terenz in je 12 Senaren. Versbau, Prosodie und Sprache der alten Komiker wurden da im Ganzen treu nachgeahmt; die Knappheit der Sprache macht indess den Inhalt stellenweise dunkel, z. B. oben V. 5 die Beziehung von *mater*. Als ähnliche Arbeiten stammen von Sulpicius die Inhaltsangaben zu den 12 Büchern von Vergils Aeneis in je 6 Hexametern und wahrscheinlich die zu den Lustspielen des Plautus in je 15 Senaren, die sich zu 5 Stücken noch erhalten haben (s. Ritschl, Trin. Prol. CCCXVI ff.; Opusc. II 404; Teuffel, Röm. Lit.² S. 804 f.). Vergl. Anhang. — V. 4 f. construire: *et gn. un. am. fid.* — V. 12. *adgnitam* (so in A C D) ist archaisirend für *agnitam*. Ebenso Andr. per. V. 11 *adgnitam* und Hec. per. V. 11 *adgnoscit* (s. Umpfenbach z. d. St.).

PERSONAE.

(PROLOGVS)
DAVOS SERVOS
GETA SERVOS
ANTIPHO ADVLESCENS
PHAEDRIA ADVLESCENS
DEMIPHO SENEX
PHORMIO PARASITVS
HEGIO
CRATINVS } *ADVOCATI*
CRITO
DORIO LENO
CHREMES SENEX
SOPHRONA NVTRIX
NAVSISTRATA MATRONA
(Cantor)

Ein Personenverzeichniss findet sich zu keinem Terenzischen Stücke in einer Handschrift. Dagegen haben einige Codices gemalte Zeichnungen der auftretenden Personen.

PROLOGVS

Postquám poēta uétus poētam nón potest
Retráhere ab studio et tránsdere hominem in ótium,
Maledíctis deterrére ne scribát parat;
Qui ita díctitat, quas ántehac fecit fábulas,
Tenui ésse oratióne et scripturá leui: 5
Quia núsquam insanum scripsit adulescéntulum
Ceruám uidere fúgere et sectari canes
Et eám plorare, oráre ut subueniát sibi.

In diesem nur für die erste Aufführung des Ph. passenden Prolog behandelt der Dichter, der von sich wie regelmässig in der 3. Person als 'poēta' spricht, V. 1—21 die Anfeindungen, welche er Seltens seines Rivalen Luscius Lanuvinus zu dulden hat. Abgehend von diesem Thema (V. 22. 23) empfiehlt er sodann das neue Stück, dessen Name erklärt wird, dem Wohlwollen der Zuschauer (V. 24—34). — Die Rolle des 'prologus' wurde regelmässig von einem jüngern Schauspieler in einem besondern 'ornatus' gegeben (s. Heaut. Prol. V. 1. 2 u. Hec. Prol. II V. 1). Ueber die Entwickelung des Prologs im griech. und lat. Drama s. meine Abhandlung 'Ueb. d. Plaut. Prol. Allg. Gesichtspuncte' Luzern 1867.

V. 1 poēta uetus: der solt lange thätige und daher alte Dichter (V. 13. 14 stellt sich ihm Terenz als nouos p. gegenüber). Gemeint ist Lucius Lanuvinus, nur aus den Prologen des Terenz und aus Donats Commentar zu ihnen etwas näher bekannt (s. O. Ribbeck, Frg. com. lat.² S. 83 f.). Volcatius Sedigitus in seinem Canon (s. Einl. S. 14) weist ihm die neunte Stelle zu unter zehn lat. Palliatendichtern.

V. 1. 2 geht auf die speciellen Bemühungen des Luscius die einzelnen Stücke des Terenz bei ihrer Aufführung zu Falle zu bringen; das Vergebliche dieser Anstrengungen zeigte besonders der durchschlagende Erfolg des kurz vorher (s. Einl. S. 10) aufgeführten Eunuchus. V. 3 ff. bezieht sich auf die Zwischenzeit zwischen der Aufführung des Eunuch und des Phormio, während welcher L. durch allgemeine Vorwürfe gegen Terenz eine ungünstige Meinung hervorzubringen suchte.

V. 4 quas a. f. f.: alle Stücke mit Ausnahme der Adelphoe (s. Einl. S. 10 f.).

V. 5. Der Chiasmus ist zu beachten; vergl. V. 13 f. 20 u. a. Auch die Anwendung anderer natürlicher rhetorischer Hilfsmittel ist bei Terenz, dem kunstmässigen Dichter, nicht selten (s. Einl. S. 13 f.).

V. 6 ff. Von adul. uidere hängt ab 1) ceruam fugere; 2) canes sectari; 3) eum plorare, orare, ut adul. subu. sibi (ceruae). — Bei uidere und den andern Verbis der unmittelbaren Wahrnehmung setzen die lateinischen Komiker am häufigsten den acc. c. infin., oft aber auch dem griechischen Sprachgebrauch entsprechend ein Participium; z. B. Hec. V. 550 f.: Audisti ex aliquo fortasse, qui uidisse eum diceret Exeuntem aut intro euntem ad amicam (ebenso Andr. V. 242. 769 f. 773. 838. Eun. V. 967. Ph. V. 607. Hec. V. 680. 807. Ad. V. 211 f.).

V. 6—8. Wahnsinnsscenen der Art passen natürlich nur für den leidenschaftlicheren Charakter einer

Quod si intellegeret, quóm stetit olim noua,
Actóris opera mágis stetisse quám sua. 10
Minus múlto audacter, quám nunc laedit, laéderet.
Nunc siquis est, qui hoc dicat aut sic cógitet:
'Vetus si poëta nón lacessissét prior,
Nullum inuenire prólogum possét nouos':
[Quem diceret, nisi haberet cui male diceret] 15
Is sibi responsum hoc hábeat, in medio ómnibus
Palmam ésse positam, qui ártem tractant músicam.
Ille ád famem hunc ab stúdio studuit reicere:
Hic réspondere uóluit, non lacéssere.
Benedictis si certásset, audissét bene: 20
Quod ab illo adlatumst, id sibi rellatúm putet.
De illó iam finem fáciam dicundí mihi,

Tragödie (vergl. **Euanth.** in Ter. fab. Praef.: (Terent.) temperauit affectum, ne in tragoediam transiliret). Der Mangel an Kraft und Lebendigkeit, den Luscius dem Ter. zum Vorwurf machte, verwandelt sich so in das Fernbleiben von Geschmacklosigkeiten. Offenbar kam in einem Stücke des Luscius eine Scene vor, wie sie V. 6—8 schildern. Don. z. d. St.: ʽEt callide hic (Ter.) non solum errorem reprehendentis, sed etiam imperite scripsisse ipsum ostendit L. L.ʼ (s. Ribbeck, Frg. com. lat.² S. 84).
V. 9 *stetit* ein Iambus; s. Einl. S. 25. — *Stare* im Gegensatz zu *cadere* (Hor. ep. II 1 V. 176), *exigi* (Hec. V. 15) und *loco moueri* (Ph. V. 32) gilt zunächst von den Schauspielern, welche gefallen und nicht vor der Zeit abzutreten brauchen (Hec. V. 36 ... *ut ante tempus exirem foras)*; sodann auch vom Dichter (Hor. sat. I 10 V. 17) und vom Drama selbst (s. oben; Hec. V. 15; Hor. ep. II 1 V. 176; vergl. Andr. V. 27; Hec. V. 12). Dem gleichen Bilde gehören die Ausdrücke *locum restituere* (Ph. V. 83), *in locum restituere* (Hec. V. 21) und *tutari locum* (Hec. V. 42) an.
V. 10 *Actoris*, des Schauspieldirectors; s. Einl. S. 18.
V. 12—21 beugt Ter. dem Missfallen vor, welches etwa das Einerlei der Prologe erregen konnte. Die Prologe des Plautus zeigen, wenn man auch nur deren echte Bestandtheile in Betracht zieht, eine reiche Mannigfaltigkeit.

V. 13 *lacessisset:* Die Perfecta auf *iui* und die vom gleichen Stamm gebildeten Formen stossen öfters, vorzüglich in den Endungen mit *r*, *st* und *ss*, das *u* aus. In diesem Falle wird (bei Plautus und Terenz regelmässig) vor *st* und *ss* das doppelte *ii* contrahirt; vergl. V. 318 *intristi* (Neue, Lat. Form. II 397 ff.). Die Composita von *ire* behalten im letzteren Falle häufig *ii* bei.
V. 16 f. Luscius begnügte sich nicht mit dem Kampf um den ersten Rang in der Lustspieldichtung; er wollte die Aufführung von Stücken des Terenz gänzlich hintertreiben: dies erklärt den Inhalt der Ter. Prologe. *Palma i. m. o. p.* ist allgemein zu nehmen; wir dürfen nicht an eine Einrichtung nach Art der griechischen Wettkämpfe denken (s. Ritschl, Par. Plaut. S. 229 ff. Mommsen, Röm. Gesch.⁵ I S. 900). S. Anhang.
V. 17 *tractant;* der Indicativ wie V. 251. 424. 481. S. Anhang.
V. 21 *rellatum* assimilirt aus *redl.* Donat z. d. St. vergleicht *relliquias Danaum* (Verg. Aen. I 30; s. O. Ribbeck, Prol. crit. S. 429 f.); vergl. V. 86. — *Esse* als blosse Copula wird in der Construction des *acc.* oder *nom. c. inf.* beim Part. perf. pass. oder fut. act. von Terenz häufig weggelassen; vergl. Ph. V. 316. 349. 467. 725. 777. (787.) 792. 1033.
V. 22 f. Ein ähnlicher Uebergang im Eun. V. 14—19 und Heaut. V. 33 f. — Adversatives oder concessives *Quom* steht in directer Rede

Peccándi quom ipse dé se finem nón facit.
Nunc quid uelim animum atténdite: adportó nouam
Epídicazomenon quám uocant comoédiam 25
Graecí, Latini Phórmionem nóminant;
Quia primas partis quí aget, is erit Phórmio
Parasítus, per quem rés geretur máxume,
Volúntas uostra si ád poëtam accésserit.
Date óperam, adeste aequo ánimo per siléntium, 30
Ne símili utamur fórtuna, atque usi sumus
Quom pér tumultum nóster grex motús locost;
Quem actóris uirtus nóbis restituit locum
Bonitásque uostra adiútans atque aequánimitas.

ACTVS I

DAVOS
SERVOS

I Amicus summus méus et popularis Geta 35
1 Heri ád me uenit. érat ei de ratiúncula

bei Plautus noch ausschliesslich mit dem Indicativ, bei Terenz ebenso mit diesem (Eun. V. 243) wie mit dem Coniunctiv (Ad. V. 166 f.). S. Ed. Lübbert, Gramm. Stud. II S. 117—123. 130—142.
V. 25 *Ἐπιδικάζειν* gerichtlich zusprechen, im Medium 'zuerkennen lassen, beanspruchen' (zunächst für sich, aber auch für einen Andern) wird als technischer Ausdruck in Bezug auf eine Erbschaft oder eine verwaiste heirathsfähige Tochter gebraucht, welche nach athenischem Gesetz der nächste männliche Anverwandte heirathen oder zur Heirath mit 500 Drachmen ausstatten musste.— Der Name des griechischen Stückes bezog sich auf Phormio, welcher Phanium dem Antipho vor Gericht zusprechen liess (vergl. Isae. Or. 10 S. 80 Steph. *ἀμελήσας ἢ αὐτός αὐτὴν ἔχειν ἢ τῷ υἱεῖ μετὰ τοῦ κλήρου ἐπιδικάζεσθαι* u. s. w.). Vergl. Meincke, Fragm. com. gr. 1 S. 464 ff.
V. 27 f. Die Rolle des Phormio wurde einer Schauspielertradition zufolge von Ambivius selbst gegeben; s. Donat. zu II 2 (Vulg.).

V. 29: wenn ihr das Stück zu Ende spielen lasst.
V. 30 *Dare op.* Mühe, Aufmerksamkeit schenken, wird in derartigen Anreden entweder absolut gebraucht, wie oben und Eun. V. 44; Plaut. Cist. I 3 V. 6; Mil. gl. V. 98; Poen. Prol. V. 58 (ähnlich ist Hec. V. 55 *date silentium* und Trin. V. 11 *date uociuas auris*), oder wird mit dem Dativ (Plaut. Capt. V. 54 *fabulae huic operam dare*), bez. *ad c. acc.* verbunden (Plaut. Cas. Prol. V. 22 *operam detis ad nostrum gregem*). — *Adesse* heisst auch ohne den Zusatz *per silentium* in prägnantem Sinne 'aufpassen'; s. Andr. V. 24; Heaut. V. 35; Plaut. Amph. V. 151; Poen. Prol. V. 126.
V. 31 f. geht auf die erste missglückte Aufführung der Hecyra, V. 33 f. auf die gelungene des Heauton timorumenos und Eunuchus.
Von den drei Häusern der Bühnenwand (s. Einl. S. 19 f.) befand sich in der Mitte das des Demipho, links (für die Zuschauer) das des Chremes, rechts das des Kupplers Dorio.
I 1. Dauos ist ein sog. *πρός-*

Iam pridem apud me rélicuom pauxillulum
Nummórum; id ut conficerem. confeci: ádfero.
Nam crílem filium éius duxisse aúdio
Vxórem; ei, credo, múnus hoc conráditur. 40
Quam inique comparátumst, ei qui minus habent,
Vt sémper aliquid áddant ditióribus!
Quod ílle únciatim uix de demensó suo
Suóm defrudans génium conpersit miser,
Id illa úniuorsum abrípiet haud existumans, 45
Quantó labore pártum. porro autém Geta
Feriétur alio múnere, ubi era pépererit;
Porro aútem alio, ubi erit púero natalis dies;
Vbi initiabunt. ómne hoc mater aúferet;
Puer caúsa erit mittúndi. sed uideón Getam? 50

GETA DAVOS
SERVI II

I 2 GE. Siquis me quaeret rúfus.. DA. Praestost, désine. GE. Oh,

ωπον προτατικόν (nach Donat.
'*persona extra argumentum ar-
cessita*'), d. h. eine nur zur Einleitung des Stückes gehörige Person,
welche im weiteren Verlaufe desselben nicht mehr vorkommt. Terenz
verwandte solche προς. προτ. gern
(s. Ueb. d. Plaut. Prol. S. 15). —
Dauos kommt von der Stadtseite her.
V. 37 *relicuos* u. s. w. bei Plautus
und Terenz nur viersilbig (z. B. Eun.
V. 996 *Relicuom*...).
V. 43 *demensum* das Abgemes-
sene, die monatliche (bez. tägliche)
Ration, welche jedem Sklaven zu
seinem Unterhalt zugetheilt wurde.
Die Höhe dieses Deputats war natürlich schwankend: nach Donat z.
d. St. erhielt jeder Sklave monatlich
vier *modii* (= ca. 35 Liter) Getreide,
nach Sen. ep. 80 (XI, 1 § 7) fünf
modii und fünf Denare. Denkt man
sich das Getreide auf tägliche Ratio-
nen vertheilt, so konnte freilich ein
Sklave davon täglich kaum mehr
als für eine *uncia* (etwa = 5 Pfenn.)
erübrigen.
V. 44 *gen. defr.*, es sich vom
Munde absparend; vergl. Plaut. Aul.
IV 9 V. 14 f.: *Egomet me defrau-
daui Animumque meum geniumque
meum;* Sen. ep. 80 (XI 1 § 4)...
*peculium suum, quod comparaue-
runt (serui) uentre fraudato. Ge-
nius (ἡ τύχη ἑκάστου* nach Charis.
Gr. Lat. Keil I 32, 2) ist das die

Existenz eines Jeden repräsentirende,
über sein Wohlbefinden wachende
höhere Wesen, das von den Römern
personificirt und göttlich verehrt
wurde. *Defrudare* für *defraudare,*
wie schon in sehr alter Zeit in der
Volkssprache *au* in *u* (früher in *o*)
sich trübte; vergl. Ritschl, Par. Pl.
S. 541 f. Corssen, Ausspr. ² I S.
660 f.
V. 46. Das an sich anstössige
Fehlen der Copula *sit* wird hier
dadurch gemildert, dass *Quanto lab.
part.* einem Ausrufe nahe kommt.
Die Rede erhält dadurch eine stark
rhetorische Färbung. Im Allgemeinen bleibt die Copula in der
Umgangssprache nur in ganz bestimmten Fällen weg (s. Ritschl,
Prol. Trin. S. 109—114 und Holtze,
Synt. priscr. scr. lat. II S. 1—4). Bei
Terenz, dessen Sprache vielfach rhe-
torisches Gepräge zeigt (s. Anm. zu
V. 5) sind Ausnahmen zahlreicher
(s. V. 84. 256. 264. 611. 612 und
Anm. zu V. 21).
V. 49 *initiare* einweihen in eine
religiöse Genossenschaft, nach Sitte
der Athener (s. Donat z. d. St.).
Vergl. Anhang.
I 2. Geta tritt aus dem Hause
des Demipho. Zuerst spricht er nach
rückwärts gewendet zu einem Mitsklaven ins Haus hinein.
V. 51 *rufus*: Dauos trug also eine
rothe Perrücke; s. Einl. S. 19.

At ego óbuiam conábar tibi, Daue. DA. Áccipe, em:
Lectúmst; conueniet númerus quantum débui.
GE. Amó te, et non necléxisse habeo grátiam.
5 DA. Praesértim ut nunc sunt móres. adeo rés redit: 55
Siquis quid reddit, mágna habendast grátia.
Sed quid tu es tristis? GE. Égone? nescis quo in metu et
Quanto in periclo simus! DA. Quid istuc ést? GE. Scies,
Modo út tacere póssis. DA. Abi sis, insciens.
10 Quoius tú fidem in pecúnia perspéxeris, 60
Verére uerba ei crédere? ubi quid mihi lucrist
Te fállere? GE. Ergo auscúlta. DA. Hanc operam tibi dicò.
GE. Senis nóstri, Daue, frátrem maiorém Chremem
Nostín? DA. Quid ni? GE. Quid? éius gnatum Phaédriam?
15 DA. Tam quám te. GE. Euenit sénibus ambobús simul, 65
Iter illi in Lemnum ut ésset, nostro in Cíliclam
Ad hóspitem antiquom. is senem per epistulas

V. 52 obu. con. Entweder ist
ire, fieri, esse o. dergl. (vergl. V.
196; 617 u. a.) durch eine Aposiopesis
weggeblieben oder conari ist,
da jede Bemühung zugleich eine
Art Bewegung in sich schliesst, absolut
gebraucht und unmittelbar
mit obuiam zu verbinden (im Deutschen:
Ich wollte dir entgegen).
Donat führt beide Erklärungen an.
— em (nicht en oder, wie in den
Handschriften oft geschrieben ist,
hem) ist theils demonstrativ (s. O.
Ribbeck, Lat. Part. S. 29 ff.) theils
Interjection, welche Staunen (beifälliges
oder missfälliges) bezeichnet;
s. Ritschl, Trin. * zu V. 3 und
Index u. em.
V. 53 Lectumst: ausgesucht in Bezug
auf die Qualität; vergl. Pseud.
V. 1149 Accipe: hic sunt quinque
argenti lectae numeratae minae.
V. 54 Amo te eine formelhafte
Wendung der Umgangssprache; vgl.
V. 478 .. omnis uos amo. Aehnlich
das bei Plautus in Bitten häufig
wiederkehrende amabo und umgekehrt
si me amas. — Non necl.
hab. grat. Der Subjectsaccusativ
im acc. c. inf. wird, wenn er ein
persönliches Pronomen sein sollte
und aus dem Zusammenhang leicht
zu ergänzen ist, in der Umgangssprache
oft weggelassen; vergl. V.
206. 315. 460. 610. 627. 681. 796.
801. 1014. 1022. 1025. Ueber neclexisse
s. Anhang S. 100.

V. 55. Klagen über Sittenverderbniss
sind zu allen Zeiten gewöhnlich.
Zu Praesertim ut q. s. ist
zu ergänzen: te gratiam habere
aequomst. — Adeo auf das Folgende
zu beziehen; vergl. z. B. V. 153.
V. 57 et am Ende d es Verses ist
zwar ungewöhnlich, hat aber so
wenig Bedenken wie aut Andr. V. 256
censen me uerbum potuisse ullum
proloqui aut Vllam causam. Vergl.
Madvig, Adv. crit. II 55.
V. 59. Wie in der gewöhnlichen
Prosa modo mit ne, so wird es bei
den Komikern auch mit dem positiven
ut zum Ausdruck des Wunsches
verbunden ('wenn nur'); vgl.
V. 773; Andr. V. 409. V. 711 steht
im gleichen Sinne ut modo. — Ueber
sis (= si uis), sultis (= si uoltis;
kommt übrigens bei Terenz nicht
vor), sodes (= si audes) und ähnliche
Wendungen, welche in der
Umgangssprache einer Bitte oder
Aufforderung zugefügt werden, s.
Loch, Z. Gebrauch d. Imperat. bei
Plaut. (Gymn.-Progr. Memel 1871)
S. 15 f.
V. 60 f. perspexeris ist Coniunctiv,
attrahirt an den im Hauptsatz
dem Gedanken nach liegenden Coniunctiv
der Annahme (... ei uerba
non credas?).
V. 61 ubi: relativer Anschluss an
das Vorhergehende. Ebenso V. 157.
V. 63 Chremem (ebenso V. 865)
Accusativ des latinisirten Namens

Pelléxit, modo non móntis auri póllicens.
DA. Quoi tánta erat res ét super erat? GE. Désinas:
20 Sic ést ingenium. DA. O, régem me esse opórtuit. 70
GE. Abeúntes ambo hic túm senes me fíliis
Relinquont quasi magístrum. DA. O Geta, prouínciam
Cepísti duram. GE. Mi úsus uenit, hóc scio;
Memini relinqui mé deo irató meo.
25 Coepi áduorsari primo; quid uerbís opust? 75
Seni fidelis dúm sum, scapulas pérdidi.
DA. Venére in mentem mi ístaec; namque inscitiast
Aduórsum stimulum cálces. GE. Coepi eis ómnia
Facere, óbsequi quae uéllent. DA. Scísti uti foro.
30 GE. Nostér mali nil quicquam primo; hic Phaédria 80
Continuo quandam náctus est puéllulam
Citharístriam: hanc amáre coepit pérdite.
Ea séruiebat lénoni inpuríssumo,
Neque quód daretur quicquam; id curaránt patres.

Chremes, Chremis (s. Andr. V. 368),
woneben Chremes, — etis u. s. w.
(Χρέμης, —ητος) im Gebrauch sind.
V. 68 bezieht sich auf die Geschenke, welche Gastfreunde ihren Gästen zu geben pflegten.
V. 69 *Quoi* ist Relativum; zu ergänzen ist *'eum pellexit ...?'* — *et super erat* steigernd. Das Imperfectum attrahirt an die Zeit, in welcher sich die Erzählung bewegt.
V. 70. Dauos meint, dass er als *rex* ganz anders für eine gleichmässige Gütervertheilung sorgen würde. Der Ausdruck *rex* erinnert an das griechische Original.
V. 71 *hic:* s. Anhang.
V. 73 *usus uenit* eine formelhafte Wendung (hier etwa: ich hab's erfahren); vergl. z. B. Heaut. V. 553. 556. 557.
V. 74 *deo meo:* der das Schicksal des Geta zumeist leitende Gott; schon Donat citirt Verg. (Aen. XII 639) *nec di texere Cupencum | Aenea ueniente sui* und Naevius im Stücke Stalagmus (O. Ribbeck, Fragm. com.
V. 70) *Deo meo propitio meus homost.*
V. 76 *scap. perd.* in komischer Uebertreibung (vergl. Epid. I 1 V. 84 *corium perdidi*). Die *scapulae* als der unter Umständen leidende Theil spielen bei den Sklaven der Komödie einige Rolle; vergl. Plaut. Asin. V. 315. 547; Cas. V 3 V. 14 u. s. w.

V. 77 f. *Venere in m. m. istaec:* an *die* (d. *scapulae*) dacht' ich! *istaec* ist Femin. wie *haecine* V. 1012 und *Haec nuptiue* Andr. V. 656 (nach Donat). Das von F. Schmidt im Hermes VIII S. 478 ff. nachgewiesene Gesetz, dass Terenz (und Plautus) die Pluralformen von *hic* vor Consonanten stets ohne *ce, c* (vom Neutrum *haec* abgesehen) bilde, vor Vocalen und *h* dagegen mit *ce, c,* hat doch nicht unbedingte Geltung, wie *haecine* (V. 1012) beweist. S. Anhang.
V. 78 *Adu. st. c.* eine Uebertragung des griechischen Sprüchwortes πρὸς τὰ κέντρα μὴ λακτιζέτω.
V. 80 *noster*, nämlich *erus* oder *erilis filius*, wie oft. z. B. V. 110. 117. Sehr natürlich spricht innerhalb des gleichen Hausstandes der Sklave mit einfachem *noster* vom Herrn oder Sohn, von der Frau (Hec. V. 188) oder Tochter (Heaut. V. 660) des Hauses, unter Umständen auch von den Mitsklaven (Eun. V. 678). — Zur Verstärkung von *nihil* und *nemo* wird in der Umgangssprache häufig *quicquam* und *quisquam* pleonastisch zugefügt; vergl. z. B. V. 250. — Die Ellipse von *fecit* entspricht der gedrängten Erzählung; vergl. V. 84. 100. 101. 102. 104. 106 ff. 113. 133; ausserdem V. 142. 440. 482 u. s. w. — Mit *hic* weist Geta auf das Haus des Chremes hin.

Restábat aliud nil nisi oculos páscere,
Sectári, in ludum dúcere et reddúcere.
Nos ótiosi operám dabamus Phaédriae.
In quo haéc discebat lúdo, exaduorsum ilico
Toustrína erat quaedam; hic solebamús fere
Plerúmque eam opperiri, dum inde irét domum.
Intérea dum sedémus illi, intéruenit
Aduléscens quidam lácrumans. nos mirárier;
Rogámus quid sit. 'númquam aeque' inquit 'ác modo
Paupértas mihi onus uísumst et miserum ét graue.
Modo quándam uidi uírginem hic uiciniae
Miserám, suam matrem lámentari mórtuam;
Ea sita erat exaduórsum, neque illi béniuolus
Neque nótus neque cognátus extra unam ániculam
Quisquam áderat, qui adiutáret funus; miseritumst.
Virgo ipsa facie egrégia'. quid uerbis opust?
Commórat omnis nós. ibi continuo Ántipho
'Voltisne eamus uisere?' alius 'cénseo:
Eámus; duc nos sódes'. imus, uénimus,
Vidémus. uirgo púlchra, et quo magis díceres,

V. 86 *ludus* eine Schule für Citherspiel mit Gesang und wohl auch Tanz (V. 144 *citharistriam*). Vergl. Plaut. Rud. V. 43: *Eam uidit ire e ludo fidicino domum.* — *reddacere* wie *reddere* u. ähnl.; vergl. V. 21; s. Anhang.
V. 88 *exadu. il.* gleich (oder 'gerade') gegenüber; ähnlich bei Plaut. Most. V. 1064 *Ilico intra limen ista state* (und V. 585 nach R.); Merc. V. 910 *istic .. ilico;* Rud. V. 328 *ilico hic;* V. 836. 878; Trin. 608 und Ter. Ad. V. 156.
V. 91 *illi*: der einfache Locativ zu *ille* (s. V. 572. 772 und Neue a. O. II S. 489 f.). Durch Anhängung des enklitischen *ce* und Abstumpfung desselben in *c* wird das üblichere *illic*.
V. 92 *mirarier:* der Gebrauch des *infin. histor.* auch in Abwechselung mit einem *uerb.finit.* ist bei den lateinischen Komikern sehr gewöhnlich; Beispiele bei Holtze Synt. II S. 30 ff.; vergl. Draeger, Hist. Synt. I 302 ff.
V. 94. Die Assimilation des Genus in *uisumst* an das Praedicatsnomen *onus* (statt an *paupertas*) zeigt wohl den Einfluss der griech. Sprache (vergl. Krüger, Gr. Sprachl. § 63,6 und Anm.

V. 95 *uiciniae* entweder Genetiv abhängig von *hic* (wie *quoquo terrarum* V. 551 u. ähnl.), oder es ist Locativ (als Apposition zu *hic*), wie Plaut. Bacch. V. 205 und Mil. gl. V. 273 *proxume uiciniae.* Aehnlich steht Ter. Andr. V. 70 *huc uiciniae.* Vergl. Bentley zu Ter. a. O.
V. 97 *beniuolus* (so, nicht *beniuolens*, hat Cod. A allein) wird bestätigt durch Hec. V. 761 *Facilem beniuolumque lingua* q. s. Diese Form ist keinenfalls der classischen Sprache allein eigenthümlich.
V. 98 *extra* zur Bezeichnung einer Ausnahme gehört der Umgangssprache an. Plaut. Amph. V. 833 *extra unum te;* Ennius bei Ribbeck, Fragm. trag. V. 46 *extra me.*
V. 101 *Commorat* im Plusquamperfectum wegen der folgenden, auch schon der Vergangenheit angehörigen Handlungen. — Ueber die Contraction der Endung s. Neue a. O. II S. 410 ff.
V. 103. Ueber *sodes* s. Anm. z. V. 59. — *im. uen. Vid.* Zu beachten ist der Wechsel der Tempora; vgl. V. 135 f.
V. 104 *quo m. d.* In der Ver-

55 Nil áderat adiuménti ad pulchritúdinem: 105
Capíllus passus, núdus pes, ípsa hórrida,
Lacrumaé, uestítus túrpis; ut, ni uís boni
In ípsa inesset fórma, haec formam extinguerent.
Ille qui illam amabat fídicinam tantúm modo
60 'Satis' inquit 'scitast'; nóster uero.. DA. Iám scio: χ 110
Amáre coepit. GE. Scín quam? quo euadát uide.
Postrídie ad anum récta pergit; óbsecrat,
Sibi ut éius faciat cópiam. illa enim sé negat
Neque cum aéquom aït facere: illam ciuem esse Átticam
65 Bonám bonis prognátam: si uxorém uelit, · 115
Lege íd licere fácere; sin alitér, negat.
Nostér quid ageret néscire: et illam dúcere
Cupiébat et metuébat absentém patrem.
DA. Non, si redisset, ei pater ueniám daret?
70 GE. Ille índotatam uírginem atque ignóbilem 120
Daret illi? numquam fáceret. DA. Quid fit dénique?
GE. Quid fiat? est parasítus quidam Phórmio,
Homó confidens; qui íllum di omnes pérduint!
DA. Quid is fécit? GE. Hoc consílium quod dicám dedit:

gangenheit, bei der erwähnten Begegnung
mit dem Mädchen. *diceres*
geht gleichwohl auf eine unbestimmte
Person; vergl. Andr. V.
135 f. *Tum illa ut consuetum facile
amorem cerneres, Reiecit se* q. s.
— Eine ähnliche Beschreibung eines
trauernden Mädchens findet sich
Heaut. V. 285 ff.
V. 108 ein Wortspiel; das zweite
Mal steht *forma* in prägnantem
Sinne. Vergl. z. B. V. 138.
V. 110 *noster uero* eine Aposiopesis,
welche hier angewandt ist,
weil der Redende nicht gleich Worte
findet, welche den gewünschten
Sinn stark genug ausdrücken; vergl.
W. Hahn, Z. Entstehungsgesch. d.
Scholien d. Donat z. Ter. (II), Stralsund
1872 S. 8. S. auch V. 144.
V. 111 *quam* sowie *tam* werden
im älteren Latein öfters bei Verbis
zur Bezeichnung eines Grades gebraucht;
vergl. V. 65 und Holtze
Synt. I S. 230.
V. 113 *Sibi ut eius* s. Anhang. —
se negat: ergänze *eius copiam facturam esse* (s. zu V. 80).
V. 114 *ait* und *ais* ist bei den
Komikern in der Regel zweisilbig,
obgleich auch Beispiele der Synizesis
nicht fehlen (z. B. V. 834); *ain*
ist immer einsilbig. — *ciuem esse
Atticam* vergl. Einl. S. 19.
V. 115 *Bonus* brav. — *si uxorem
uelit:* das leicht zu ergänzende Object
eam fehlt wie sehr oft (s. Anhang).
V. 117 *nescire:* der *infin. hist.*
wird wie das *praes. hist.* in Bezug
auf Tempusfolge bald als Zeit der
Gegenwart bald der Vergangenheit
aufgefasst.
V. 119. Einfaches *non* in Fragesätzen
(statt *nonne*) drückt Staunen
oder Unwillen aus. Der Redende
entnimmt die gefürchtete Antwort
'non' bereits den Worten des Gefragten.
S. Holtze, Synt. II S. 249 ff.;
Beispiele auch bei E. Boeckel, Exercit.
Plaut. (Karlsruhe 1872) S. 8 f.
V. 120. Die Weglassung der fragenden
Partikel ist in der Umgangssprache
und daher bei den Komikern
überaus häufig; vergl. Holtze a. O.
II S. 237 ff.
V. 122 *Quid fiat?* eine indirecte
Frage; zu ergänzen ist *rogasne?*
V. 123 *qui* ist aus einem relativen
Modaladverb gleich *ut* auch Wunschpartikel
geworden, wird aber nur
in Verwünschungen so unabhängig
gebraucht (vergl. Fleckeisen in
Jahn's Jahrb. 1850 Bd. 60 III S. 246).

75 'Lex ést ut orbae, qui sint genere próxumi, 125
　　Eis núbant, et illos dúcere eadem haec léx iubet.
　　Ego té cognatum dicam et tibi scribám dicam;
　　Patérnum amicum me ádsimulabo uírginis;
　　Ad iúdices ueniémus; qui fuerít pater,
80 Quae máter, qui cognáta tibi sit, ómnia haec 130
　　Confingam; quod erit mihi bonum atque cómmodum,
　　Quom tu hórum nil refélles, uincam scilicet.
　　Pater áderit; mihi parátae lites: quid mea?
　　Illá quidem nostra erit'. DA. Iocularem audáciam.
85 GE. Persuásumst homini; fáctumst; uentumst; uíncimur; 135
　　Duxít. DA. Quid narras? GE. Hóc quod audis. DA. Ó Geta,
　　Quid té futurumst? GE. Néscio hercle; unum hóc scio,
　　Quod fórs feret, ferémus aequo animó. DA. Placet.
　　Em istúc uirist officium. GE. In me omnis spés mihist.
90 DA. Laudo. GE. Ád precatorem ádeam credo, qui mihi 140
　　Sic óret: 'nunc amítte quaeso hunc; céterum
　　Posthác si quicquam, nil precor'. tantúm modo

Donat z. d. St.: *Qui utinam est
q. s.* Men. V. 451. 933; Pers. V. 783;
Cas. II 4 V. 1 (s. Holtze, Synt. I S.
136. 379). So auch bei Lucilius II
V. 8 und VI V. 30 (bei L. Müller
S. 7 und 35). — *perduint:* Modusvocal des *praes. coni.* war *i* im alten
Latein. Als Endungen erscheinen
daher īm, īs, īt u. s. w., von *sim,
uelim, nolim, malim* abgesehen,
auch in *edim* und *duim* (von dem
alterthümlichen *duo* für *do*) nebst
deren Compositis. Vergl. Neue a. O.
II S. 338 ff.
V. 125 f. Bezieht sich natürlich
auf Athenische Verhältnisse; das
Gesetz s. bei Diod. Sic. XII c. 18 §
2. 3: Τρίτος δὲ νόμος διωρθώθη
ὁ περὶ τῶν ἐπικλήρων, ὁ καὶ παρὰ
Σόλωνι κείμενος. Ἐκέλευε γὰρ τῇ
ἐπικλήρῳ ἐπιδικάζεσθαι τὸν ἔγγιστα
γένους, ὡσαύτως δὲ καὶ τὴν ἐπί-
κληρον ἐπιδικάζεσθαι τῷ ἀγχιστεῖ,
ᾧ ἦν ἀνάγκη συνοικεῖν ἢ πεντακο-
σίας ἐκτῖσαι δραχμὰς εἰς προικὸς
λόγον τῇ πενιχρᾷ ἐπικλήρῳ. Vergl.
V. 296 f. und Anm. zu V. 25; s.
Meier u. Schömann, Att. Proc. S.
457—471.
V. 127 *scribam dicam: γράψω
δίκην.* Letzteres Wort findet sich bei
Plautus und Terenz stets in latinisirter Form und nur im Nominativ
oder Accusativ des Singular (s. V.

329. 439 und Plaut. Aul. IV 10 V.
30; Poen. III 6 V. 5; ebenso Cic. in
Verr. act. II lib. II § 37) oder Accusativ des Plural (Ph. V. 668).
V. 128 *adsimulo* in der Umgangssprache sehr häufig für das in
strenger Prosa erforderliche *simulo*.
V. 129. Der für die spätere Zeit
festgestellte Unterschied von fragendem *quis* und *qui* gilt noch nicht
vom älteren Latein; s. Holtze a. O.
I S. 389 ff.
V. 133 *mihi par. lit.* nämlich *erunt*
oder *sunt;* vergl. Anm. z. V. 80.
V. 135 *uincimur* steht zwischen
den Perfecten wie umgekehrt V. 103
uenimus.
V. 137 *Quid te futurumst? esse,
fieri* und *facere* werden in der Umgangssprache oft, und zwar meist
in Fragesätzen, mit dem blossen
Ablativ einer Person (wohl einem
Abl. instrum.) in der Bedeutung
'aus Jem. werden, mit Jem. geschehn, machen' verbunden; vergl.
Draeger, Hist. Synt. I 519 f.
V. 138 Alliteration und Wortspiel;
s. V. 108.
V. 140 *Ad precatorem;* vergl.
Heaut. V. 976. 1002; Plaut. Pseud.
V. 606; Asin. V. 415. In Athen war
es selbst vor Gericht üblich solche
'Fürbitter' mitzubringen; vergl.
Meier u. Schömann, Att. Proc. S.

Non áddit: 'ubi ego hinc ábiero, uel occídito'.
DA. Quid paédagogus ille, qui citharístriam?
95 Quid reí gerit? GE. Sic, ténuiter. DA. Non múltum habet 145
Quod dét fortasse? GE. Ímmo nil nisi spém meram.
DA. Pater éius rediit án non? GE. Non dum. DA. Quid? senem
Quoad éxspectatis uóstrum? GE. Non certúm scio,
Sed epístulam ab eo adlátam esse audiuí modo
100 Et ad pórtitores esse délatam; hánc petam. 150
DA. Numquíd, Geta, aliud mé uis? GE. Vt bene sit tibi.
Puer heús, nemon huc pródit? cape, da hoc Dórcio.

ACTVS II

ANTIPHO PHAEDRIA
ADVLESCENTES II

II AN. Ádeon rem redísse, ut qui mihi cónsultum optumé uelit esse,
1

719 f. — *orare* mit dem *dat. commodi* oder der Praepos. *pro* (so bei Plaut. Asin. V. 783; *tu pro illa ores ut sit propitius*).
V. 143 *ábierô uel*: über den Versictus s. Ritschl, Prol. in Trin. CCXXVIII f.
V. 144 *paedagogus* scherzhaft in Hinsicht auf V. 86.
V. 145 '*Sic dicendum est cum aliquo gestu*' (Donat).
V. 146. Nach *fortasse* ist der Hiatus in der Thesis durch den Personenwechsel entschuldigt; vergl. V. 542. (754.) 963. Anders C. F. W. Müller, Plaut. Pros. 640—674.
V. 148 *certum scire*, Sicheres wissen (s. Eun. V. 111. 921) neben *certo scire*, sicher wissen (s. Andr. V. 929 u. s. w., besonders Hec. V. 324). Letzteres steht immer, wenn *scire* bereits ein Obiect im Accus. hat.
V. 150 *Portitores* Hafenaufseher (in Athen) zum Zweck der Zollerhebung für die Zollpächter, daher Zolleinnehmer (Plaut. Asin. V. 159. Trin. V. 1107). Ihrer Controlle waren nicht nur die ein- und ausgehenden Waaren unterworfen, sondern sie durften auch, um über die Ladung eines Schiffes sich genau zu unterrichten, die mit dem Schiffe beförderten Briefe öffnen; vergl. Plaut. Trin. V. 793 ff.: Iam si opsignatas non feret, dici hoc potest, Apud portitores eas resignatas sibi Inspectasque esse (s. Brix z. d. St.); vergl. Trin. V. 810.
V. 151 *Num quid aliud me uis?* 'Kann ich sonst mit etwas dienen?' eine sehr gebräuchliche Wendung im Munde derer, welche sich von Jemand trennen wollen; z. B. Eun. V. 191. 363. Der doppelte Accusativ steht bei *uelle* nach Analogie der Verba des Bittens u. s. w. Eine Sammlung mehrerer Beispiele bei Holtze, Synt. I S. 288 f. — *Vt bene sit tibi* eine Höflichkeitswendung (ἀστεϊσμός) für *nihil*; s. Donats Comm. und Bentleys Anm. z. d. St.
Mit V. 151 geht Dauos in die Stadt (rechtshin) zurück, Geta ruft einen Burschen (*puer*) aus dem Hause des Demipho, dem er das von Dauos gebrachte Geld übergibt, damit dieser es der Dorcium, ohne Zweifel der Frau des Geta, bringe. Dann geht er nach der andern Seite ab, um zum Hafen zu gelangen (V. 150). Antipho und Phaedria treten höchstwahrscheinlich aus dem Hause des Chremes; s. Anhang.

V. 153 f. Der Relativsatz *qui* etc. ist wie sehr häufig in freierer Sprache dem Beziehungsworte (*patrem*) vorausgeschickt; s. V. 125.

Phaedria, patrem ut éxtimescam, ubi in mentem eius aduenti
véniat!
Quód ni fuissem incógitans, ita éxspectarem, ut pár fuit. 155
PH. Quid istuc? AN. Rogitas? qui tam audacis fácinoris mihi
cónscius sis?
Quód utinam ne Phórmioni id suádere in mentem incidisset
Neú me cupidum eo impulisset, quód mihi principiúmst mali!
Nón potitus éssem: fuisset tum illos mi aegre aliquód dies,
At nón cotidiáua cura haec ángeret animum, PH. Aúdio. 160
AN. Dum exspécto quam mox uéniat qui adimat hánc mihi con-
suetúdinem.
PH. Aliis quia defit quód amant aegrest; tibi quia super ést dolet.
Amóre abundas, Antipho.
Nam túa quidem hercle cérto uita haec éxpetenda optándaque
est.
Ita mé di bene ament, út mihi liceat tám diu quod amó
frui, 165
Iam dépecisci mórte cupio: tú conicito cétera,
Quid ego éx hac inopiá nunc capiam, et quid tu ex ista
cópia;
Vt ne áddam, quod sine súmptu ingenuam, líberalem náctus es,
Quod habés, ita ut uoluisti, uxorem sine mala famá palam:
Beátus, ni unum désit, animus quí modeste istaéc ferat. 170

V. 154 *aduenti*: die Substantiva
der 4. Declination gehn im Genetiv
bei Terenz meist in die 2. Declination über; sonst hat Terenz nur
noch die Endung *uis* bei diesen
Wörtern, z. B. V. 482. S. Fleckeisen,
Krit. Misc. S. 43 A. und Neue, Lat.
Forml. I S. 362 ff. Bücheler, Lat.
Decl. S. 31 f.
V. 156 *Quid istuc?* etwa: Wie
so? — Der Relativsatz *qui—sis* hat
concessive Bedeutung; daher der
Coniunctiv.
V. 157 *Quod*, früher gewöhnlich
als Accusativ der Beziehung gefasst,
indess von Bergk, Philol. XIV 185
als Ablativ (in causaler Bedeutung)
mit dem alten auslautenden *d* nachgewiesen (vergl.Ritschl, Neue Plaut.
Exc. I 57); vor *utinam* auch bei Cic.
epist. ad fam. XIV 4 § 1: *quod utinam minus uitae cupidi fuissemus!*
Bezüglich des folgenden *id* vergl.
Andr. V. 258 *Quod si ego rescissem
id prius, quid fucerem*, q. s.
V. 159 *aliquod = aliquot* und
quod = quot hat der Cod. A bei
Terenz ohne Ausnahme, meist mit
allen andern Handschriften oder

einem Theile derselben; s. Anhang.
Eine strenge Differenzirung der bei-
den Worte verlangten erst die Gram-
matiker der Kaiserzeit; s. Brambach,
Lat. Orth. S. 251 ff.
V. 161 schliesst sich in der Construction an die vorausgehenden
Worte des Antipho an.
V. 163: Ueber das Versmass s.
Einl. S. 21.
V. 165 *Ita me di bene ament* oder
kürzer *Ita me di ament* ist eine Be-
theuerungsformel der Umgangssprache, welche einem Hauptsatze
vorausgeschickt oder eingeschoben
wird; z. B. Hec. V. 276 f.; Heaut.
V. 308. — Der Satz mit *ut*, vom
Folgenden abhängig, drückt eine
Absicht aus, kommt aber der con-
dicionalen Bedeutung sehr nahe
'gesetzt dass'. — *tam diu*, nämlich
wie Antipho.
V.166 *depecisci, pactionem trans-
igere* nach Donat; *morte* ist das
Mittel. Vergl. Cic. ad Att. IX 7
§ 3: *cum enim tot (pericula) im-
pendeant, cur non honestissimo
(periculo) depecisci uelim?*
V. 170 *istaec*: *iste* mit dem deik-

Quod si tibi res sit cum eó lenone quó mihist, tum séntias.
20 Ita plérique omnes súmus ingenio: nóstri nosmet paénitet.
AN. At tú mihi contra núnc uidere fórtunatus, Phaédria,
Quoi de íntegro est potéstas etiam cónsulendi, quid uelis:
Retinére eam anne amíttere; ego in eum íncidi infelíx locum, 175
Vt néque mihi sit ámittendi néc retinendi cópia.
25 Sed quid hoc est? uideon égo Getam curréntem huc aduenire?
Is est ípsus. ei, timeó miser, quam hic mihi nunc nuntiét rem.

* GETA ANTIPHO PHAEDRIA
  SERVOS ADVLESCENTES II

II GE. Núllus es, Getá, nisi iam aliquod tibi consilium célere reperis:
2 Íta nunc inparátum subito tánta te inpendént mala; 180
Quae néque uti deuitém scio neque quó modo me inde éx-
traham;
4 Nam nón potest celári nostra diútius iam audácia.
6 AN. Quid íllic commotús uenit?

tischen *ce* wird wie *hic* declinirt;
nur wird aus *istud-c*: *istuc*; s. Neue,
a. O. II S. 152 ff.
V. 171 *quo* hat Cod. A, *quocum*
die andern Codd. Die Wiederholung
der Praeposition ist unterlassen
nach Analogie des Griechischen (s.
Krüger, Griech. Spr. § 51, 11 A. 1);
ebenso V. 476 *in hac re ut aliis*
(ohne *in* nach cod. A). Indess Eun.
V. 119, wo in Haupt- und Nebensatz nicht das gleiche Verbum steht,
wird *cum* wiederholt: *Ego cum
illo, quocum tum uno rem habebam
hospite, Abii huc q. s.*
V. 172 *plerique omnes* 'meist, fast
alle' eine im älteren Latein beliebte
Wendung (s. Andr. V. 55; Heaut.
V. 830; Donat zu Andr. a. O.).
Der Begriff *omnes*, welcher sich
nicht ohne Weiteres setzen lässt,
wird durch sein Attribut *plerique*
wenigstens nur in sehr geringer
Weise eingeschränkt; oder *omnes*
soll als Attribut den Begriff von
plerique nachträglich verstärken.
Mit Unrecht nimmt Reisig, Vorl.
üb. Lat. Spr. § 455 (S. 800) eine
Ellipse von *uel* an.
V. 175 f. s. Anhang.
V. 176 *mihī* (wie auch *tibī*, *sibī*)
mit langer letzter Silbe ist bei Plautus und Terenz jedenfalls nicht häu-

fig, scheint aber durch Beispiele
auch innerhalb der Senare gesichert.
Vergl. Ritschl, Men. Praef. XIV;
Spengel, Plautus S. 55 ff.; C. F. W.
Müller, Plaut. Pros. S. 24; Lorenz
in Gött. Anz. 1868 S. 1168. Zweifel
scheint neuerdings Ritschl Trin.²
Index u. *mihī* und *tibī* zu hegen.
V. 177. Geta kommt vom Hafen
her geeilt.
V. 178 *ipsus*, eine alte Mascu-
linform, ist bei den Komikern sehr
gebräuchlich; s. Neue a. O. II
S. 145.
V. 179—194 spricht einerseits
Geta zu sich allein, ohne die beiden
Jünglinge zu bemerken; andrerseits
reden diese mit einander unter Be-
zugnahme auf Getas Worte.
V. 180 *inpendere*, in übertragenem
Sinne gewöhnlich mit *in* und dem
Accus. oder mit dem Dativ verbunden, wird vereinzelt auch zum tran-
sitiven Verbum mit dem Accusativ;
vergl. Lucilius *inc.* V. 98 M.: . .
ut quae res me inpendet agatur.
Ebenso in räumlichem Sinne bei
Lucr. I V. 326: *mare quae inpen-
dent.*
V. 181 *inde* nimmt das Relativ
quae in demonstrativer Form auf;
s. Holtze, Synt. I S. 389.

GE. Tum témporis mihi púnctum ad hanc rem est: érus adest.
AN. Quid illúc malist?
GE. Quód quom audierit, eius quod remedium íoueniam iracúndiae? 185
Lóquar? incendam: táceam? instigem: púrgem me? laterém lauem.
10 Heú me miserum! quóm mihi paueo, tum Ántipho me excrúciat animi:
Eius me miseret, ei nunc timeo, is núnc me retinet; nam ábsque eo esset,
Récte ego mihi uidissem et senis essem últus iracúndiam:
Áliquid conuasássem atque hinc me cónicerem protinam ín pedes. 190
AN. Quam nam hic fugam aut furtúm parat?
15 GE. Sed ubi Ántipbonem réperiam? aut qua quaércre insistám uiam?
PH. Te nóminat. AN. Nesció quod magnum hoc núntio exspectó malum. PH. Ah,
Sánun es? GE. Domum ire pergam; ibi plúrimumst. PH. Reuocémus hominem.
AN. Sta ilico. GE. Ém, 195
Sátis pro imperio, quísquis es. AN. Geta. GE. Ípsest quem uolui óbuiam.
AN. Cédo quid portas, óbsecro, atque id, si potes, uerbo éxpedi.
20 GE. Fáciam. AN. Eloquere. GE. Módo apud portum, AN. Meúmne?
GE. Intellexti. AN. Óccidi. PH. Em,

V. 184 ad hanc rem: 'ad deliberandum quod ago' (Donat).
V. 185 Hei quod (quom aud.) schwebt dem Sprechenden das V. 182 Angedeutete noch vor. — Ueber eius quod s. Anhang zu V. 113.
V. 186 laterem lauem: 'παροιμία, πλίνθον πλύνεις (Donat). S. Anhang.
V. 187 animi Genetiv des Bereiches, der gerade bei Verbis und Adiectivis der Gemüthsbewegung häufig gebraucht wird; ebenso Ad. V. 610 Discrucior animi. Weitere Beispiele bei Reisig. Vorles. § 352; Holtze, Synt. I S. 330 f.; vergl. auch Donat z. o. St.
V. 188 absque mit dem Ablativ wird bei Plautus und Terenz nur wie hier in Bedingungssätzen (ohne si) und mit dem Coniunctivus imperf. gebraucht. Vergl. Handii Turs. I S. 69 f.; Reisig, Vorl. v. Haase § 138, 3. Von zwei äusserlich coordinirten Sätzen gibt der vordere die (unmögliche) Voraussetzung an,
der zweite die Folge (s. Fleckeisen in N. Jahrb. f. Phil. Bd. 95 (1867) S. 626; O. Ribbeck, Lat. Part. S. 23 Anm.).
V. 189 uidere in praegnantem Sinne für prouidere.
V. 190 'conuasare dicitur furto omnia colligere' Nonius S. 87 (= 62 G.). Das Wort scheint übrigens ἅπαξ εἰρημένον und die späteren Schriftsteller, welche es gebrauchen, von obiger Stelle direct oder indirect abhängig zu sein. — protinam eine im älteren Latein gebräuchliche Nebenform zu protinus; vergl. Paul. Fest. S. 226 M.
V. 192 insistere uiam formelhaft 'einen Weg einschlagen'; Eun. V. 294 quam insistam uiam?
V. 195. Ueber den troch. Binarius s. Einl. S. 21.
V. 196 quem uolui obuiam s. Anm. zu V. 52.
V. 198 Intellexti: 'in der 2. Pers. Sing. u. Plur. des Ind. Perf. und des Conf. Plusqu. und Inf. Perf. derjenigen Verba, deren Perfectum

AN. Quid agam? PH. Quid ais? GE. Huius patrem uidisse me,
patruóm tuom.
AN. Nam quod ego huic nunc súbito exitio rémedium inueniám
miser? 200
Quód si eo meae fortúnae redeunt, Phánium, abs te ut dis-
trahar,
Núllast mihi uita éxpetenda. GE. Ergo istaec quom ita sint,
Ántipho,
25 Tánto magis te aduigilare aequomst: fórtis fortuna ádiuuat.
AN. Nón sum apud me. GE. Atqui ópus est nunc quom máxume
ut sis, Ántipho;
Nam si senserit te timidum páter esse, arbitrábitur 205
Cómmeruisse cúlpam. PH. Hoc uerumst. AN. Nón possum
inmutárier.
GE. Quid faceres, si aliúd quid grauius tibi nunc faciundúm foret?
30 AN. Quom hóc non possum, illúd minus possem. GE. Hoc níhil
est, Phaedria: ilicet.
Quid hic conterimus óperam frustra? quin abeo? PH. Et qui-
dem ego? AN. Ópsecro,
Quid si adsimulo? Sátine est? GE. Garris. AN. Vóltum con-
templámini: em, 210
Sátine sic est? GE. Nón. AN. Quid si sic? GE. Própemodum.
AN. Quid síc? GE. Sat est:
Ém, istuc serua; et uérbum uerbo, pár pari ut respóndeas,
35 Né te iratus suis saeuidicis dictis protelét. AN. Scio.
GE. Vi coactum te ésse inuitum. PH. Lége, iudició. GE. Tenes?
Séd quis hic est senéx, quem uideo in última platea? ipsus
est. 215

auf *si, ssi* oder *xi* endet, können
die Buchstaben *is* ausgestossen werden. Diese Art von Syncope ist
am häufigsten bei den alten Drama-
tikern . . . . .; einige solche Formen sind selbst bei Cicero' (Neue,
a. O. II 418).
V. 201 *Phanium* (Φάνιον) ist die
junge Frau des Antipho.
V. 207 enthält eine Anspielung
darauf, dass Antipho unter Umständen auf Phanium ganz verzichten
müsse.
V. 208. Mit quom *causale* verhält
es sich wie mit quom *concessiuum*
(s. Anm. zu V. 22 f.); Lübbert, Gr.
Stud. II § 7 und 8 (bes. S. 116). —
Hoc nihil est: Das führt zu keinem
Ziele. — Mit *ilicet* (= *ire licet*)
wird im Sinne von *actum est* das
Ende einer Handlung bezeichnet (s.
Donat z. d. St.).
V. 210 *Satine* s. Anhang. Dass

aus V. 210 ff. nicht nothwendig der
Gebrauch von Masken bei Terenz
zu leugnen ist, hat C. Steffen in
Ritschl's Act. soc. phil. Lips. II S.
157 f. mit Recht hervorgehoben.
Aehnlicher Art sind übrigens V. 57
und besonders V. 890, wo Phormio
sagt: *Nunc gestus mihi uoltusque
est capiundus nouos.*

V. 213 '*protelet et protelum* . . . .
*ab assiduo telorum iactu existimant
dici ut Lucretius* 'Vndique *protelo
plagarum continuato*' *hoc est, te-
nore*' (Donat). — Das Subiect *senex*
ist sehr leicht zu ergänzen. — Zu
Scio bemerkt Donat richtig: *Appa-
ret hoc uerbum eo uultu dici, ut
manifestum sit absenti animo esse
eum, qui loquitur.* Das Gleiche
zeigt der Ausdruck *Tenes?* V. 214
(s. Donat z. d. St.).

V. 215 s. Anhang.

AN.	Non póssum adesse. GE. Ah, quid agis? quo abis, Ántipho?	
	Mane, ínquam. AN. Egomet me nóui et peccatúm meum;	
40	Vobís commendo Phánium et uitám meam.	
PH.	Geta, quid nunc fiet? GE. Tú iam litis aúdies;	
	Ego pléctar pendens, nisi quid me feféllerit.	220
	Sed quód modo hic nos Ántiphonem mónuimus,	
	Id nósmet ipsos fácere oportet, Phaédria.	
45 PH.	Aufér mi 'oportet'; quin tu quid faciam impera.	
GE.	Meminístin, olim ut fúerit uostra orátio	
	In re incipiunda ad défendendam nóxiam,	225
	Iustam illam causam, fácilem, uincibilem, óptumam?	
PH.	Memini. GE. Ém, nunc ipsast ópus ea, aut, siquid potest,	
50	Melióre et callidióre. PH. Fiet sédulo.	
GE.	Nunc príor adito tu, égo in insidiis hic ero	
	Subcénturiatus, siquid deficiás. PH. Age.	230

DEMIPHO PHAEDRIA GETA
SENEX ADVLESCENS SERVOS

II DE. Ítane tandem uxórem duxit Ántipho iniussú meo?
3

V. 217. Mit *Mane, inquam* wird
die bereits in den vorausgehenden
Worten liegende Aufforderung zu
bleiben nachdrücklich wiederholt.
Eines verdoppelten *mane* bedarf es
dazu nicht; vergl. z. B. Ad. V. 780
f. . . . Sy. *Quid agis? quo abis?*
De. *Mitte me.* Sy. *Noli, inquam.* —
Antipho eilt nach dem Forum zu
weg (vergl. V. 462 ff.).
V. 220 *pendens* am Kreuze *(crux,
patibulum, furca, lignum)*; vergl. J.
Lipsius, De cruce libri tres; Becker-
Marquardt, Röm. Alt. V 1 S. 192 ff.
Bei den Komikern darf man übrigens, wenn vom Kreuze die Rede
ist, nicht immer an einen marter-
vollen Tod, meist nur an eine kör-
perliche Züchtigung denken.—*fefel-
lerit*: das Tempus ist in genaue Beziehung zum Tempus des Haupt-
satzes gesetzt, obwohl hier gerade
auch das Praesens zulässig wäre,
wie Heaut. V. 668: *Nisi me animus
fallit multum, haud multum a me
aborit infortunium.*
V. 223 *quin* wird in der unge-
duldig oder doch lebhaft auffor-
dernden Frage entweder mit dem
Indicativ oder als abgekürzte Frage
(wieso nicht?) mit dem Imperativ

verbunden (s. O. Rihbeck, Lat. Part.
S. 14). Letztere Wendung gehört
vorzugsweise der Umgangssprache
der Komödie an; s. Loch, Imperat.
bei Plaut. S. 18. Jedoch auch z. B.
bei Cic. pro Mil. c. 29 § 79.
V. 226 *causam* u. s. w. ist Apposition zu dem ganzen Satze mit *ut* und
hängt von *meministin* ab; das folgende *ea ipsa* (V. 227) geht auf *causa,*
bez. *oratio.* — *uincibilis* in activer
Bedeutung (nach Donat: *quae facile
uincat*); s. V. 961 *placabilius* und
Heaut.V.205 *tolerabilis*; vgl. Lorenz
zu Plaut. Most. V. 1147; Madvig Adv.
crit. II 15.
V. 229 f. Geta tritt hiermit in den
Hintergrund, wohin ihm Phaedria
zunächst folgt (s. V. 247).
V. 230 *Subcenturiatus* als Reserve.
'*Succenturiati dicuntur, qui ex-
plendae centuriae gratia subiciunt
se ad supplementum ordinum*'
(Donat); vergl. Festus *succenturiare*
(S. 306 f. M.).
V. 231. Demipho tritt in lautem
Selbstgespräch begriffen von links
her auf. Geta und Phaedria unter-
halten sich abseits, bis nach V. 252
Letzterer seinem Oheim entgegen
tritt.

Néc meum imperium — ac mitto imperium — nón simul-
 tatém meam
Reueréri saltem! nón pudere! o fácinus audax, ó Geta
Monitór! GE. Vix tandem. DE. Quid mihi dicent aút quam
 causam réperient?
Demiror. GE. Atqui réperiam; aliud cúra. DE. An hoc dicét
 mihi: 235
'Inuitus feci; léx coëgit'? aúdio, fateór. GE. Places.
DE. Verúm scientem, tácitum causam trádere aduorsáriis,
Etiámne id lex coëgit? PH. Illud dúrum. GE. Ego expediám:
 sine.
DE. Incértumst quid agam, quia praeter spem atque incredibile
 hoc mi óptigit:
Ita sum inritatus, ánimum ut nequeam ad cógitandum insti-
 tuere. 240
Quam obrem ómnis, quom secúndae res sunt máxume, tum
 máxume
Meditári secum opórtet, quo pacto áduorsam aerumnám ferant.
Perícla, damna péregre rediens sémper secum cógitet
Aut fíli peccatum aút uxoris mórtem aut morbum fíliae;
Commúnia esse haec, fíeri posse, ut néquid animo sít nouom: 245
Quidquid praeter spem euéniat, omne id députare esse in lucro.
GE. O Phaédria, incredibile [st] quantum erum ánte eo sapiéntia.

V. 232 f. Infinitive ohne bestimm-
tes Sublect stehn häufig wie hier
in einem Ausruf des Unwillens und
der Verwunderung; vergl. V. 339 f.;
s. Holtze a.·O. II 44. Die Construction lässt sich mit der des einfachen
Accusativus in Ausrufungen vergleichen.
V. 234 *Vix tandem*: gleich dem
griech. enklitischen ποτέ gibt *tandem* öfters einer Behauptung nur
eine subiective Färbung ohne be-
stimmte temporale Beziehung. Ebenso in Fragesätzen wie V. 231.
V. 239. Donat bemerkt richtig:
*Nonnihil iam fracta indignatio est.
nam in his uerbis non iam ira,
sed admodum moeror est.* Dem
Phaedria und Geta wird so, indem
sie das Selbstgespräch hören, der
Muth gestärkt.
V. 241 *Quam obrem:* deshalb, weil
ihm, dem Sprechenden, das uner-
wartete Missgeschick alle Ueber-
legung geraubt hat.
V. 243 *Pericla:* die synkopirte
Form ist in der Umgangssprache
der Komiker die einzig gebräuch-

liche. — In *peregre rediens* sowie
in der bei Plautus häufigen Wendung *peregre uenio, aduenio* u.
dergl. scheint der Locativ *peregre*
auch das Woher auszudrücken (so
Handii Turs. IV 449 f. und O. Ribbeck, Lat. Part. S. 2); vergleichen
wir indess unser deutsches 'über
Land kommen', so lässt der reine
Locativ sich auch in obigen Ausdrücken erkennen (vergl. Ritschl,
N. Plaut. Exc. I 79 A.). — *cogitet*,
nämlich *quisque*, wie aus *omnis* in
V. 241 zu entnehmen ist.
V. 245. S. Anhang.
V. 246 *deputare* hängt mit einem
leichten Wechsel der Construction
von *cogitet* (V. 243) oder zurück-
greifend von *oportet* (V. 242) ab. —
eueniat: s. Anhang zu V. 17.
V. 247 *ante eo* im Indicativ, weil
incredibile quantum zu einem Begriffe verschmilzt gleich *nescio quis*
u. s. w. Zur Weglassung des handschriftlichen *est* (bez. *sl*) s. Charis.
II 185 f. P. (= 207 K.), Bentley
z. d. St. und Ed. Becker in Stu-

Meditáta mihi sunt ómnia mea incómmoda, erus si rédierit:
Moléndumst in pistrino, uapulándum, habendae cómpedes,
Opus rúri faciundum. hórum nil quicquam áccidet animó
 nouom.
Quidquid praeter spem euéniet, omne id députabo esse in lucro.
Séd quid cessas hóminem adire et blánde in principio ádloqui?
DE. Phaédriam mei frátris uideo filium mi ire óbuiam.
PH. Mi pátrue, salue. DE. Sálue; sed ubist Ántipho?
PH. Saluóm uenire.. DE. Crédo; hoc respondé mihi.
PH. Valet, hic est; sed satin ómnia ex senténtia?
DE. Vellém quidem. PH. Quid istúc est? DE. Rogitas, Phaédria?
Bonás me absente hic cónfecistis núptias.
PH. Eho, an id suscenses núnc illi? GE. Artificém probum!
DE. Egon illi non suscénseam? ipsum géstio
Dari mi in conspectum, núnc sua culpa út sciat
Leném patrem illum fáctum me esse acérrumum.
PH. Atquí nil fecit, pátrue, quod suscénseas.
DE. Ecce aútem similia ómnia! omnes cóngruont:
Vnúm quom noris, ómnis noris. PH. Haúd itast.
DE. Hic in nóxiast, ille ad défendendam caúsam adest;
Quom illést, hic praestost: trádunt operas mútuas.
GE. Probe hórum facta inprúdens depinxit senex.
DE. Nam ni haéc ita essent, cum illo haud stares, Phaédria.
PH. Si est, pátrue, culpam ut Ántipho in se admiserit,

demund's Stud. z. arch. Lat. I 236; vergl. Anm. zu V. 358.
V. 248. Die Anwendung der Deponentia, namentlich ihres *Partic. perf.*, in passivem Sinne geschieht in der Volkssprache häufig; vergl. Eun. V. 383 f. ... *quae nos nostramque adulescentiam Habent despicatam.* S. Holtze a. O. II S. 17 f.
V. 249 *in pistrino:* die schwere Arbeit in der Stampfmühle war von den Sklaven gefürchtet und wurde daher zu ihrer Bestrafung verwandt.
V. 253. Phaedria tritt dem Demipho aus dem Hintergrund entgegen; s. Anhang zu V. 151.
V. 255. Die gewöhnliche Begrüssung eines aus der Fremde Wiedergekehrten geschah mit den Worten *Saluom uenisse gaudeo* (Heaut. V. 407 und *Gaudeo uen. s.* Hec. V. 353) oder mit einer Variation dieser Wendung (Eun. V. 976; Ph. V. 286; Ad. V. 80). Statt *gaudeo* tritt Phor. V. 610 ... *uolup est* ein. Das Pronomen *te* kann ebenso gut

stehn als wegbleiben. Hier lässt Demipho dem Phaedria nicht Zeit, seinen Gruss zu vollenden. — *hoc* bezieht sich auf das dem Sprechenden zunächst Liegende (V. 254).
V. 256 *hic* hier 'in der Nähe'.
V. 261. Der unterordnenden Coniunction, dem Relativ- und Interrogativpronomen werden in der Umgangssprache leicht Theile des Nebensatzes vorausgeschickt, welche gerade durch Wichtigkeit sich dem Sinne des Sprechenden zunächst aufdrängen. Mit mehr als zwei Satzgliedern geschieht dies nur ausnahmsweise (V. 304. 404. 621). S. Anhang.
V. 262 *Lenem patrem illum:* wir übersetzen diese Apposition besser mit 'aus dem milden Vater'.
V. 265 *Vnum quom noris* s. Anhang.
V. 266 *id def.* wie V. 150 *Et id port.* und V. 648 *Vt id pauca.*
V. 267 *illest*, nämlich *in noxia.*
V. 269 *cum aliquo stare* nach Donat für *pro al. st.;* das Gewöhn-

Ex quá re minus rei fóret aut famae témperans,
Non caúsam dico, quin quod meritus sit ferat.
Sed siquis forte málitia fretús sua
Insidias nostrae fécit adulescéntiae
Ac uicit, nostran cúlpa east an iúdicum, 275
Qui saépe propter ínuidiam adimunt diuiti
Aut própter misericórdiam addunt paúperi?
GE. Ni nóssem causam, créderem uera húnc loqui.
DE. An quisquam iudex ést, qui possit nóscere
Tua iústa, ubi tute uérbum non respóndeas, 280
Ita ut ílle fecit? PH. Fúnctus adulescéntulist
Officium liberális: postquam ad iúdices
Ventúmst, non potuit cógitata próloqui;
Ita eúm tum timidum i*ll*ic obstupefecit pudor.
GE. Laudo húnc. sed cesso adire quam primúm senem? 285
Ere, sálue; saluom te áduenisse gaúdeo. DE. Oh,
Bone cústos, salue, cólumen uero fámiliae,
Quoi cómmendaui fílium hinc abiéns meum.
GE. Iam dúdum te omnis nós accusare aúdio
Inmérito, et me horunc ómnium inmeritíssumo. 290
Nam quid me in hac re fácere uoluisti tibi?
Seruom hóminem causam oráre leges nón sinunt,

liche ist *ab aliquo, ab alicuius
parte st.* (Plaut. Men. V. 799 *Hinc
stas).*
V. 271 *rei f. aut famae:* vergl.
V. 120 *indotatam uirginem atque
ignobilem* ... und Donat z. d. St.
— *Temperare c. dat.* schonen; s.
Plaut. Rud. V. 1254 *linguae tem-
pera;* Truc. I 1 V. 41 *Qui nostrae
aetati tempestiue temperent.* Indess
lässt sich *temperans* auch adiec-
tivisch nehmen (s. Heaut. V. 580
Hominis frugi et temperantis), und
sind alsdann *rei* und *famae* Genetive.
V. 272 *non causam dico]* non
recuso, *non deprecor* (Donat).
Wegen *quin* vergl. Andr. V. 600:
Quid causaest, quin .... *profi-
ciscar?*
V. 274 *nostrae ad.* Phaedria
nimmt das den Antipho Betreffende
mit auf sich.
V. 276 f. Phaedria sucht das in
Athen mit vielem Recht bestehende
Misstrauen gegen die Unparteilich-
keit der Gerichte zu seinem Vor-
theil auszubeuten.
V. 280 *iusta* substantivirt und
mit einem Attribut verbunden; s.
Draeger, Hist. Synt. I 41 f. — *re-*

spondeas Coni. potent. attrahirt an
possit; über *ubi* in Sätzen der Annahme Einiges bei Holtze a. O. II
S. 152. 155.
V. 281. *Fungi* wird gleich *uti,
frui, potiri* in der Umgangssprache
sehr gewöhnlich als Transitivum
behandelt; Beispiele s. bei Holtze
a. O. I S. 276 f. 285 f.
V. 287 *columen* (synkopirt *cul-
men*), gleichen Stammes mit *co-
lumna* (von *CEL*), ist der Höhepunct,
das Haupt; über die Form s. Ritschl,
Prol. in Trin. S. LXIV f.
V. 292 *Seruom hominem* mit ab-
sichtlicher Geringschätzung, insofern gewissermassen verschiedene
Arten von Menschen unterschieden
werden; Plaut. Mil. gl. V. 563 hat
hominem seruom. — *causam orare*
q. s. insofern Sklaven nicht als
συνήγοροι im Process auftreten
durften. Auch das μαρτυρεῖν war
ihnen nach athenischem Recht verboten ausser gegen den eines Mordes wegen Verklagten. Durch die
Folter konnten ihnen Zeugenaussagen nur nach einer an den Gegner erlassenen Provocation oder auf
dessen Verlangen abgenommen wer-

Neque téstimoni dictio est. DE. Mitto ómnia:
Do istúc 'inprudens tímuit adulescéns'; sino
'Tu séruo's'; uerum si cognatast máxume,
Non fuit necesse habére; sed id quod léx iubet,
Dotém daretis: quaéreret aliúm uirum.
Qua rátione inopem pótius ducebát domum?
GE. Non rátio, uerum argéntum deerat. DE. Súmeret
Alicúnde. GE. Alicunde? nihil est dictu fácilius.
DE. Postrémo si nullo álio pacto, faénore.
GE. Hui, dixti pulchre! siquidem quisquam créderet
Te uiuo. DE. Non, non sic futurumst; nón potest.
Egon illam cum illo ut pátiar nuptam unúm diem?
Nil suáue meritumst. hóminem conmonstrárier
Mihi istúm uolo aut ubi hábitet demonstrárier.
GE. Nempe Phórmionem? DE. Istúm patronum múlieris.
GE. Iam fáxo hic aderit. DE. Ántipho ubi nunc ést? GE. Foris.

den. S. Meier u. Schömann, Att. Proc. S. 667. 680 ff.
V. 293 *testimoni dictio est:* Verbalsubstantiva auf *io* haben bei den ältern Komikern regelmässig den Casus des Verbums (z. B. Plaut. Truc. II 7 V. 62 *quid tibi hanc aditiost?*). Terenz indess setzt für den Accusativ bereits den Genetiv; Eun. V. 671 *Quid huc tibi reditiost? quid uestis mutatiost?* Vergl. Holtze a. O. I 13 ff.; 279.
V. 297 *daretis, quaereret* (V. 299 *Sumeret*) stehn, wie regelmässig, wenn die Wirklichkeit dem angenommenen Falle nicht entspricht, als Potentialis der Vergangenheit; vergl. V. 468 *Nam ut ut erant alia, ... consuleres;* V. 874. S. Reisig, Vorl. § 295. 296. Anm. 461; Holtze, a. O. II S. 71 ff. Zur Sache vergl. Anm. z. V. 125 f.
V. 298 f. Um das Wortspiel mit *ratio* beizubehalten, kann man V. 298 übersetzen: Wie war er so unvernünftig u. s. w.? — *inopem* substantivirt, obwohl das Geschlecht sich nicht aus der Endung (aber leicht aus dem Zusammenhang) erkennen lässt; s. V. 938.
V. 302 *Hui,* ein Ausruf des fast erschreckten, hier ironischen Staunens; s. V. 558. 791.
V. 304. Finales *ut* in Fragesätzen mit oder ohne fragendes *ne* bezeichnet, dass man auf eine von andrer Seite gestellte Forderung nicht eingehn kann; s. Holtze a. O. II 164 f.

V. 305 *Nil suaue meritumst* wird von Donat so erklärt: *Nihil mihi mercedis suaue est, ut ego illam cum illo nuptam feram*; *suaue meritum enim suauem mercedem significat.* Da aber *meritum* nicht dasselbe wie *merces* bedeutet und jedenfalls der Genetiv *meriti* stehn müsste, müssen wir mit Bentley (Anm. z. d. St.) Donats Erklärung verwerfen. Unnöthig ist ferner Bentleys Aenderung in *Nihil s. meritast* oder die Lesart des Goveanus und Guyetus *Nihil s. meritust.* Die Worte *Nihil suaue meritumst,* nämlich *ab eis* oder *eorum,* heissen 'Nichts Freundliches haben sie verdient' und enthalten in Uebereinstimmung mit dem Vorausgehenden und Nachfolgenden eine Drohung gegen die in der Sache Schuldigen. Vergl. V. 1051 *Pol meritumst tuom* und Heaut. V. 92 *Sic meritumst meum.* — *conmonstrarier* s. Einl. S. 57.
V. 307. Ueber den Gebrauch von *nempe* in Fragesätzen und die verschiedenen Schattirungen seiner Bedeutung s. Hand, Tursell. IV S. 159 ff. und Holtze a. O. II 253 fl. Hier vergewissert sich Geta dessen, dass sein Herr V. 305 f. den Phormio gemeint habe; *nempe* ist also synonym mit *igitur.*
V. 308 *faxo:* die archaistische Bildung des Fut. ex., nach welcher *so (sis, sit* u. s. w.) an den (später verkürzten) Perfectstamm tritt (in

4*

DE. Abi, Phaédria, eum require atque húc adduce. PH. Eo:
80 Rectá uia quidem illuc. GE. Nempe ad Pámphilam.   310
DE. Ego deós penatis hinc salutatúm domum
Deuórtar; inde ibo ád forum atque aliquód mihi
Amicos aduocábo, ad hanc rem qui ádsient,
Vt ne inparatus sim, si ueniat Phórmio.

ACTVS III

PHORMIO   GETA
PARASITVS   SERVOS

III PH. Itane patris aïs aduentum uéritum hinc abiísse? GE. Ád-
1   modum.   315
PH. Phánium relictam solam? GE. Sic. PH. Et iratúm senem?
GE. Oppido. PH. Ad te súmma solum, Phórmio, rerúm redit.

der I. und II. Coniugation entsteht aus *uiso: sso*; von der IV. Coniugation kommt nur *ambissit* und *ambissint* vor). Ebenso wird ein Perf. Conf. auf *sim* (*sis, sit* u. s. w.) gebildet. Auf die Schriftsteller der classischen Zeit sind nur *faxo, faxim* und *ausim* übergegangen. S. Neue, a. O. II 421 ff. und Ed. Lübbert, Gr. Stud. I S. 3 ff. (über *faxo* speciell S. 8 f.). *Faxo* ist hier wie sehr oft bei den Komikern, parenthetisch gebraucht zum Ausdruck grosser Schnelligkeit (Beispiele bei Holtze, a. O. II S. 87). Auch sonst setzt der Lateiner namentlich in der Umgangssprache zu gleichem Zwecke das Futurum ex.; vergl. Reisig's Vorles. v. Haase § 291 u. A. 455.

V. 310 *Nempe ad Pamphilam* wird von Geta zur Seite gesprochen, während er über die Bühne nach rechts abgeht. Phaedria tritt nämlich sogleich, von Demipho unbemerkt, in das Haus rechts auf der Bühne hinein, in welchem seine Geliebte wohnt; s. V. 484 u. Anm.

V. 313 *adesse* sehr gewöhnlich von gerichtlichen Verhältnissen; vergl. Hor. Sat. I 9 V. 38. ... *paullum hic ades*.

Nach V. 314 tritt Demipho in sein Haus (in der Mitte der Bühne) ein. Act III. Phormio und Geta kommen vom Forum her, Phormio in etwas angeheitertem Zustande (s. Donat z. d. St.).

V. 315. Nach obiger mit Wahrscheinlichkeit aus den Handschriften zu entnehmenden Lesart ist in *aïs* die Endsilbe lang gebraucht, die aus Contraction des zum Stamm gehörigen *i* mit der Personalendung *is* entstanden ist. Ebenso z. B. Plaut. Capt. V. 1016, während bei Terenz sonst keine sicheren Beispiele vorliegen (vergl. V. 1040; Heaut. V. 883; Hec. V. 346). *Ais* ist bei Terenz zweisilbig, und zwar meist mit kurzer erster (s. V. 755) und zweifelhafter zweiter Silbe gebraucht: Eun. V. 654 steht *ais* entweder einsilbig, oder zweisilbig mit langer erster Silbe (wie in *aio*). Mit *ne* entsteht *ain*, ausschliesslich einsilbig. Vergl. C. F. W. Müller, Plaut. Pr. S. 52. — Neben *abiisse* auch *abisse*, z. B. Hec. V. 578. Ueber diese Doppelformen von *eo* und dessen Composita s. Neue a. O. II. 400 ff.

V. 317 *Oppido* ein Wort der Umgangssprache: '*gewiss, sehr*' (nach Donat zu Hec. V. 238 = *ualde*). Die Herleitung des Wortes ist von den alten und neuen Gelehrten sehr verschieden versucht worden (s. Handii Turs. IV 379 ff.), bleibt aber dunkel. O. Ribbeck, Lat. Part. S. 44 erklärt es durch *op pedom*.

Túte hoc intristi; tibi omnest exedendum: accingere.
5 GE. Obsecro te. PH. Si rogabit .. GE. In te spes est. PH.
Eccere,
Quid si reddet? GE. Tu inpulisti. PH. Sic, opinor. GE.
Súbueni. 320
PH. Cedo senem: iam instrúcta sunt mi in córde consilia ómnia.
GE. Quid ages? PH. Quid uis, nisi uti maneat Phánium atque ex
crimine hoc
Antiphonem eripiam atque in me omnem iram deriuém senis?
10 GE. Ó, uir fortis átque amicu's. uérum hoc saepe, Phórmio,
Véreor, ne istacc fortitudo in néruom erumpat dénique.
PH. Ah, 325
Nón itast: factúmst periclum, iám pedum uisást uia.
Quód me censes hómines iam deuérberasse usque ád necem?
[Hóspites, tum cíuis? quo magis nóui, tanto saépius.]
15 Cedo dum, enumquam iniúriarum audisti mihi scriptám dicam?
GE. Qui istuc? PH. Quia non réte accipitri ténnitur neque miluo, 330

V. 317—320 spricht Phormio nur
zu sich selbst; Geta richtet kurze
bittende und ermunternde Zwischenbemerkungen
an ihn, auf welche
derselbe keine Rücksicht nimmt.
V. 318 *intristi* s. Anm. zu V. 13.
V. 318 *accingere:* über die bei
den Komikern nicht seltene mediale
Bedeutung des Passivum s. Holtze
a. O. II 20.
V. 319 *Si rogabit:* Der von Phormio
angefangene Gedanke ist jedenfalls
durch *recusabo* ''. dergl. zu
ergänzen. — *Eccer , Quid si r.*
geht auf eine an .re Möglichkeit
als im vorausgehenden Satze, mit
welchem es in gar keinem Zusammenhang
steht. *Eccĕrē* hei Terenz
nur hier, sechsmal bei Plautus
(s. Handil Turs. II 343; O. Ribbeck,
Lat. Part. 43 f.; vergl. Fleckeisen,
Exerc. Plaut. S. 47 f.). Paul. Diac. ex
Festo S. 78 M. erklärt es so: *Eccere
iuris iurandi est, ac si dicatur per
Cererem, ut ecastor edepol. Alii
eccere pro ecco positum accipiunt*
(vergl. Müller z. d. St.). Bei Vergleichung
der Plautinischen Stellen
ist namentlich wegen Cas. II 6 V.
34 und Mil. V. 207 (auch Pers. V.
300) der zweiten Erklärung des
Festus der Vorzug zu geben. Die
Endsilbe *re* erklärt O. Ribbeck a.
O. durch *rem* mit Abfall des *m* (wie
postmodo u. a.).
V. 321. Aehnliche dem Kriegs-

wesen entlehnte Bilder sind sehr
häufig, z. B. Plaut. Pseud. V. 572
Dum concenturio in corde sucophantias q. s.
V. 324 *uir . . . . amicu's* vergl.
V. 1046 *Mulier sapiens es* u. Andr.
V. 702 *Forti's.* — *saepe* bezieht
sich ohne Zweifel nur auf die Zeit
von Antiphos Handel.
V. 325 *erumpere* in Folge der
übermässigen *'fortitudo'*. *In neruom,
'quia saepe in neruum coniciebantur
ex aliquo maleficio in
carcerem missi'* (Donat). Vergl.
V. 695 f. . . . *nostra causa scilicet
In neruom potius ibit.*
V. 826 *iam pedum uisast uia:*
schon weiss ich (von früher her),
wo ich meinen Fuss zu setzen, auf
welchem Wege ich zu gehn habe.
V. 327 *Quod* vergl. Anm. zu V.
159.
V. 328. Vergl. Anhang.
V. 329 *enumquam*, aus dem
Frageadverb *ēn* (ob) und *umquam*
zusammengesetzt, erscheint in affectvollen,
der Verneinung sicheren
(directen) Fragen (*'En uim habet
indignationis'* nach Donat zu V.
348). Dasselbe *en* kommt vereinzelt
auch in Verbindung mit andern Adverbien
(*usquam, iam*) oder ohne
ein solches vor. Vergl. Handii Turs.
II 371 f. und O. Ribbeck, Lat.
Part. 34.
V. 330 *tennitur* hier und V. 331

Qui male faciunt nóbis; illis qui nil faciunt ténnitur,
Quia enim in illis frúctus est, in illis opera lúditur.
Aliis aliunde ést periclum, unde áliquid abradi potest:
20 Mihi sciunt nihil ésse. dices 'dúcent damnatúm domum':
Alere nolunt hóminem edacem, et sápiunt mea senténtia, 335
Pró maleficio si beneficium summum nolunt réddere.
GE. Nón pote satis pro mérito ab illo tibi referri grátia.
PH. Immo enim nemo sátis pro mérito grátiam regí refert.
25 Tén asumbolúm uenire unctum átque lautum e bálineis,
Ótiosum ab ánimo, quom ille et cúra et sumptu absúmitur! 340
Dúm tibi fit quod pláceat, ille ríngitur: tu rideas,
Príor bibas, priór decumbas; céna dubia adpónitur.
GE. Quid istuc uerbi est? PH. Vbi tu dubites quid sumas potíssumum.
30 Haéc quom rationem ineas quam sint suáuia et quam cára sint,

für das handschriftliche *tenditur* nach Donat: *Legitur et* tennitur; *habet enim N littera cum D communionem.* Es war dies die volksthümliche Form wie *dispennite* und *distennite* bei Plaut. Mil. gl. V. 1407; vergl. Schuchardt, Voc. d. Vulgärlat. I S. 146.
V. 332 *enim* wird sehr häufig bei den Komikern adverbial an *quia* zugefügt; s. Holtze a. O. II 357 f. — *in illis . . . in illis:* eine solche Gegenüberstellung verschiedener Personen oder Sachen mit dem gleichen Pronomen ist zwar sehr ungewöhnlich, aber nicht ohne Beispiele. Die von Madvig, Adv. crit. II 565 hierfür beigebrachten Stellen passen nur zum Theil (Quintil. Inst. orat. III 6 § 93. XI 3 § 168; Tac. Hist. IV c. 55); an andern Stellen findet mit dem gleichen Pronomen eine **Aufzählung**, welche noch fortgesetzt wird oder werden könnte, keine Gegenüberstellung scharf begrenzter Theile Statt.
V. 337 *pote* statt des handschriftlichen *potest* nach Bentley (s. dessen Anm. z. d. St.). Die Ellipse von *es, est* und andern Formen von *esse* ist in der Umgangssprache gerade bei *potis* und *pote* sehr gebräuchlich gewesen; s. Ritschl Prol. in Trin. S. CXI f.
V. 338 *rex*, häufig der Reiche im Gegensatz zum *homo pauper* oder *humilis* (s. Hor. sat. I 2, 86; ep. I 17, 43), bezeichnet dann auch den

Brodherrn im Gegensatz zum Parasiten oder *scurra*; s. z. B. Plaut. Stich. V. 455.
V. 339 f. S. Anm. zu V. 232 f. — *asumbolum:* ἀσύμβολος (von συμβολή), keinen Beitrag gebend zu einer gemeinsamen Mahlzeit. Das griechische *v* wurde erst in der Mitte des letzten Jahrhunderts v. Chr. in das lateinische Alphabet aufgenommen (s. Ritschl P. L. M. S. 124) und bis dahin meist durch *u*, ausnahmsweise auch durch *i* oder *oe* wiedergegeben. — *balineis* nach Cod. A (s. Umpfenbach *adn. crit.* z. d. St.), wie regelmässig bei Plautus (griech. βαλανεῖον). Später war die synkopirte Form *balneum* üblicher; s. Brambach, Lat. Orth. S. 202.
V. 340 *ille*, der *rex*.
V. 341 '*ringi est stomachari taciturn; est enim translatio a canibus latraturis*' (Donat).
V. 342 *cena dubia*, eine, wie der folgende Vers deutlich zeigt, nicht geläufige Wendung für 'mannigfache, reichbesetzte Tafel'. Wiederholt wird die Wendung aus unsrer Stelle von Horaz Sat. II 2, 77 und Ausonius Mos. V. 102. Sehr nahe kommt die Bedeutung von *dubius* bei Pacuvius V. 307 (Ribb.): *O multimodis uarium et dubium . . . . . diem!*
V. 344. Ueber die Wortstellung s. Anm. zu V. 261.

Éa qui praebet, nón tu hunc habeas pláne praesentém deum? 345
GE. Sénex adest: uide quid agas; prima cóitiost acérruma.
Si eám sustinueris, postilla iam, út lubet, ludás licet.

DEMIPHO   HEGIO CRATINVS CRITO   PHORMIO   GETA
SENEX   ADVOCATI III   PARASITVS SERVOS

III DE. Enúmquam quoiquam cóntumeliósius
2   Audistis factam iniúriam quam haec ést mihi?
      Adéste quaeso. GE. Irátus est. PH. Quin tu hóc age.   350
      Iam ego húnc agitabo. — Pró deum inmortálium,
   5 Negat Phánium esse hanc síbi cognatam Démipho?
      Hanc Démipho negat ésse cognatám? GE. Negat.
PH.   Neque eius patrem se scire qui fuerit? GE. Negat.
DE.   Ipsum ésse opinor dé quo agebam. séquimini.   355
[PH. Nec Stilponem ipsum scire qui fuerit? GE. Negat.]
10 PH. Quia egéns relictast mísera, ignoratúr parens,
      Neclégitur ipsa. uide auaritia quid. facit.
GE.   Si erum insimulabis málitiae, male aúdies.

V. 346 *Senex*, nämlich Demipho,
welcher mit drei zum Rechtsbeistand
zugezogenen Bekannten vom Forum
zurückkehrt (s. V. 312 f.).
V. 347 *postillā*, zusammengesetzt
aus *post* und einem alten Ablativ,
gleich *posteā, posthāc, postideā*
und den entsprechenden Zusammen-
setzungen von *ante, praeter, propter* und *inter* (s. Neue a. O. II 493
f. 515 f. Bücheler, Lat. Decl. S.
52. Ritschl Opusc. phil. II 270 f.
541 ff. N. Plaut. Exc. S. 82). — *lubet, ludas licet:* Alliteration wie
z. B. V. 334.
V. 348. Mit wuchtigen Worten
gibt Demipho seinem schweren
Grolle Ausdruck.
V. 350 f. Bis *agitabo* sprechen
Geta und Phormio abseits. Letzterer
lenkt, ohne auf Geta's Bemerkung
Rücksicht zu nehmen, dessen Aufmerksamkeit auf das Folgende.
Hoc age und *Hoc agite* sind gewöhnliche Wendungen, um Aufmerksamkeit zu verlangen; z. B.
V. 435; Eun. V. 130.
V. 351. Der Genetiv *deum inmor-
talium* ist durch die Ellipse von
fidem zu erklären, wie eine Vergleichung mit Andr. V. 237. 246;
Eun. V. 943; Heaut. V. 61; Hec. V.

198; Ad. V. 746 zeigt. Sonst steht
der Vocativ der angerufenen Gottheit bei der Interlection *pro;* z. B.
V. 1008 *Pro di immortales* . . . . —
Von *Pro* an ist das Gespräch zwischen Geta und Phormio darauf berechnet, dass Demipho es hört,
während sie thun, als ahnten sie
seine Anwesenheit nicht.
V. 356 lässt sich weder mit V.
354 noch mit V. 386 fl. vereinbaren
und ist daher mit Recht von Bentley
für unächt erklärt worden.
V. 358 *uide auaritia quid facit:*
der Indicativ steht im älteren Latein in indirecten Fragesätzen, 1)
wenn man den Hauptsatz dem Inhalt und der Form nach vom Nebensatz loslösen und letzteren als selbständigen Satz auffassen kann (so
oben); 2) wenn das Fragepronomen
mit dem regierenden Verbum zu
einem Begriffe verschmilzt (*nescio
quis* u. dergl.); 3) wenn der Inhalt
des Nebensatzes als reine Thatsache
hingestellt werden soll. Der Coniunctiv steht indess in allen diesen
Fällen dann, wenn er auch in Haupt-
sätzen stehn müsste (als *iussiuus*
u. s. w.). S. Ed. Becker in Studemund's Studien z. arch. Lat. I 113
ff. besonders S. 119 f.

DE. O audáciam! etiam me últro accusatum áduenit. 360
PH. Nam iam ádulescenti nihil est quod suscénseam,
15 Si illúm minus norat: quíppe homo iam grándior,
Paupér, quoi in opere uita erat, rurí fere
Se cóntinebat; ibi agrum de nostró patre
Coléndum habebat. saépe intereá mihi senex 365
Narràbat se hunc neclégere cognatúm suom;
20 At quém uirum! quem ego uíderim in uita óptumum.
GE. Videás te, atque illum [ut] nárras. PH. I in malám crucem.
Nam ni ita cum existumássem, numquam tám grauis
Ob hanc ínimicitias cáperem in uostram fámiliam, 370
Quam is áspernatur núnc tam inliberáliter.
25 GE. Pergín ero absenti mále loqui, inpuríssume?
PH. Dignum aútem hoc illost. GE. Aín tamen, carcér? DE. Geta.
GE. Bonórum extortor, légum contortór. DE. Geta.
PH. Respónde. GE. Quis homost? ehem. DE. Tace. GE. Ab-
sentí tibi 375
Te indignas seque dignas contumélias

V. 363 *Opus* im Singular wird sehr häufig von der Feldarbeit gebraucht; vergl. Eun. V. 220; Heaut. V. 72. 73. 142; Ad. V. 518.
V. 364 *Se continebat*, hielt sich zurückgezogen *'ob pudorem inopiae'* (Donat). — *ibi agrum ... habebat* (nämlich zur Pacht). Phormio fügt dies hinzu, um zu zeigen, dass seine Familie für Stilpo gesorgt habe, während der nächste Verwandte desselben nichts für ihn that.
V. 368. Geta, welcher ja scheinbar des Demipho Sache führt, benützt die günstige Gelegenheit zu dem boshaften Wunsche, Phormio möge sich doch sehen, wie er jenen (gesehen zu haben) erzählt, d. h. *optumum*. Das vergleichende *atque* kann auch dann stehn, wenn im vorausgehenden Satze das die Aehnlichkeit bezeichende Wort nur aus dem Zusammenhang zu ergänzen ist; z. B. Plaut. Bacch. V. 549 ... *quem esse amicum ratus sum atque ipsus sum mihi*. S. Anhang. — Von dem gewöhnlichen Strafmittel gegen Sklaven, der *crux*, setzte sich *'mala crux'* (immer in dieser Wortfolge und oft verstärkt durch ein vorgesetztes *magna* oder *maxuma*) in der Umgangssprache fest als Bezeichnung von etwas Unheilvollem, und wurde *I in m. cr.* mit seinen Variationen zur gewöhnlichen Verwünschungsformel ('Geh' zum Henker'). Eine Sammlung der Beispiele (freilich zu anderm Zwecke) bei Aug. Luchs in Studemund's Stud. z. a. Lat. I 1 S. 18 ff.
V. 369. Phormio begründet sein V. 367 gefälltes Urtheil.
V. 370 *Ob hanc*, nämlich Phanium. — *inim. cap. in uostram fam.*: hierbei ist an das gegenseitige feindliche Verhältniss, nicht etwa blos an die feindliche Gesinnung des Phormio gegen die Familie des Demipho zu denken.
V. 371 *Quam* bezieht sich auf das entfernte *hanc*; s. V. 535. Dergleichen Constructionen sind auf einen ausdrucksvollen Vortrag berechnet.
V. 373 *tamen* trotz der nachdrücklichen Drohung in V. 372. — *carcer* übertragen wie unser 'Galgenstrick'; ebenso Lucilius *ex inc. lib.* V. 141 (S. 151 M.): *'carcer uix carcere dignus'* (Donat).
V. 375 *Responde* wird leise zu Geta gesagt. — *ehem* stets zweisilbig (s. besonders Andr. V. 417 und Ad. V. 266) und mit kurzer erster Silbe (vergl. Ad. V. 81 mit V. 266).

Numquám cessauit dicere hodie. DE. Désine.
Aduléscens, primum abs te hóc bona ueniá peto,
Si tibi placere pótis est, mi ut respóndeas:
Quem amicum tuom aīs fuisse istum, explaná mihi,
Et qui cognatum mé sibi esse díceret.
PH. Proinde éxpiscare quási non nosses. DE. Nóssem? PH. Ita.
DE. Ego mé nego; tu qui aīs, redige in mémoriam.
PH. Eho tú, sobrinum tuóm non noras? DE. Énicas.
Dic nómen. PH. Nomen? máxume. DE. Quid núnc taces?
PH. Perii hércle, nomen pérdidi. DE. Quid ais? PH. Geta,
Si méministi id quod ólim dictumst, súbice. em,
Non dico: quasi non nóris, temptatum áduenis.
DE. Ego aútem tempto? GE. Stílpo. PH. Atque adeo quid mea?
Stilpóst. DE. Quem dixti? PH. Stilponem inquam nóueras.

V. 377 *hodie* fast formelhaft gesetzt; vergl. V. 626; Plaut. Pers. V. 218 *Numquam ecastor hodie scibis* q. s.
V. 379 *Si tibi* etc. hängt ebenso wie der folgende Satz mit *ut* vom vorhergehenden ab. — *potis* und —(abgekürzt) *pote* stehn in Verbindung mit *esse* als Nominativ aller Genera und Numeri ohne Unterschied (s. Neue a. O. II 61 f. 467 f.).
V. 380 *aīs* mit dem *acc. c. inf.* pleonastisch statt des einfachen zu *explana* gehörigen Fragesatzes. Aehnliches ist namentlich im griechischen Dialog sehr gewöhnlich.
V. 381 *qui* natürlich adverbial.
V.382 '*Expiscari est diligentissime quaerere, ubinam pisces lateant: ergo uerbum est tractum a piscatoribus*' (Donat). — Das Plusquamperfectum *nosses* und *nossem* ist aus der Beziehung auf die Vergangenheit zu erklären (Stilpo soll ja schon todt sein); vergl. V. 384 *noras* und das ähnliche Tempus *diceret* V. 381. Bei Beziehung auf die Gegenwart steht in zahlreichen Beispielen das Praesens coni. nach *quasi* (Andr. V. 372. 499. 502. 544. 549. 850. 874. 890; Eun. V. 209. 461. 685; Heaut. V. 65. 351. 528. 587. 720; Hec. V. 110; Ad. V. 941), selbst dann, wenn im Hauptsatz ein hist. Perfect vorausgeht (Heaut. V. 527 f.
... *quasi is non ditiis Abundet, gnatus eius profugit inopia*).
V. 386 f. bis *subice* spricht Phormio natürlich zur Seite. S. Anhang.

V. 388. Ueber *noris* s. Anhang. — *temptare* hier sowie V. 389 versuchen mit der Nebenbedeutung des Belästigens, Reizens. Ueber den Gebrauch des Wortes bei Plautus s. E. Boeckel, Exerc. Plaut. spec. S. 9.
V. 389. Sehr häufig wird *autem* wie oben im Zwiegespräch gebraucht, wenn Einer eine Aeusserung, die sein Missfallen erregt, in entrüsteter Frage wiederholt. *Autem* drückt da die gegensätzliche Meinung des Fragenden aus. Vergl. Hand, Turs. I 575. — *Atque adeo* leitet einen zusätzlichen (*atque*), über das Frühere hinausgehenden (*adeo*) Gedanken ein, der logisch sich gar nicht aus dem Vorhergehenden zu ergeben braucht, sondern sogar in einem gewissen Gegensatz zu ihm stehen kann (*atque* oft = übrigens). Vergl. Andr. V. 532. 977; Eun. V. 964 (*atque adeo autem*); ohne allen Gegensatz Hec. V. 457. Seyffert, Schol. Lat.[3] S. 23 bezeichnet *atque adeo* als eine Form der *correctio*. — *mea*, zu ergänzen *refert*. Vergl. V. 940; Heaut. V. 793; s. Holtze a. O. I 65 f.
V. 390. Terenz gebraucht neben *noueras* auch *noras* (V. 391; Andr. V.934 u. a.), *noris* u. s. w. neben *noueris* u. s. w. (z. B. Andr. V. 10: *Qui utramuis recte norit, ambas noueris*; Andr.V.914 u.a.), aber nur *nosse*, *nossem* u. s. w. Bei Plautus sind nach Fleckeisen in N. Jahrb. f. Phil. Bd. 95 (1867) S. 632 und Anm. 8;

DE. Neque égo illum noram néque mi cognatús fuit
45 Quisquam istoc nomine. PH. Itane? non te horúm pudet?
   At sí talentum rém reliquissét decem,
DE. Di tíbi malefaciant. PH. prímus esses mémoriter
   Progéniem uostram usque áb auo atque atauo próferens. 395
DE. Ita ut dícis. ego tum quom áduenissem, quí mihi
50 Cognáta ea esset, dicerem; itidem tú face:
   Cedo qui ést cognata? GE. Eu, nóster, recte; heus tú, caue.
PH. Dilúcide expedíui quibus me opórtuit
   Iudicibus; tum id si fálsum fuerat, fílius 400
   Quor nón refellit? DE. Fílium narrás mihi?
55 Quoius dé stultitia díci ut dignumst nón potest.
PH. At tú qui sapiens és magistratús adi,
   Iudicium de eadem caúsa iterum ut reddánt tibi;
   Quandóquidem solus régnas et solí licet 405
   Hic de eádem causa bis iudicium apíscier.
60 DE. Etsí mihi facta iniúriast, uerúm tamen
   Potiús quam litis sécter aut quam te aúdiam,
   Itidem út cognata sí sit, id quod léx iubet
   Dotis dare, abduce hánc, minas quinque áccipe. 410

Ritschl Trin. * Anm. zu V. 952. 957 die contrahirten Formen ungebräuchlich.

V. 394 *malefaciant* ist aus metrischen Gründen, da auf einen Daktylus einen Anapaest oder Proceleusmaticus folgen zu lassen ungehörig ist, mit Synkope des *e* zu lesen und vielleicht zu schreiben; s. Luc. Müller, De re metr. S. 334; Ritschl Opusc. phil. II 716—722 (daselbst werden auch inschriftliche Beispiele nachgewiesen).

V. 395 *usque* in einer Reihe.

V. 397. *Dice, duce, face* sowie die Composita sind im alten Latein weit häufiger als die verkürzten Formen, obschon diese nicht ganz fehlen (z. B. V. 452 *Dic*; V. 718 *Duc*; Eun. V. 377 *abduc, duc*; Ad. V. 482 *abduce*). Vergl. Neue a. O. II 336 ff.

V. 398. *Eu, euge (εὖ, εὖ γε)* haben sich gleich vielen anderen griechischen Betheuerungs-, Wunsch- und Verwünschungsformeln bei den lateinischen Komikern völlig eingebürgert.

V. 399 *quibus me oportuit* wie V. 383 *Ego me nego;* V. 447 *Cratinum censeo;* u. s. w.

V. 405 f. Phormio schlägt hier einen Ton an, von welchem Demipho wusste, dass er ihm vor dem athenischen Gericht gefährlich werden konnte. Die aus den Mängeln der athenischen Gerichte leicht erklärliche Furcht vor einem Process mit einem Manne wie Phormio bestimmt denn auch den Demipho im Folgenden einen gütlichen Vergleich zu suchen. — Was die Sache betrifft, so galt in der Regel jeder einmal von den Richtern abgeurtheilte Rechtshandel als vollkommen und für immer beendigt (s. Meier u. Schömann, Att. Proc. S. 753 ff. u. vergl. Donat zu Andr. V. 465).

V. 406 *apiscier* statt des handschriftlichen *adipiscier* hat Bentley hergestellt; ebenso Heaut. V. 693 *Deorum uitam apti sumus.*

V. 409 *Itidem ut* q. s. vergl. Eun. V. 116 f. ... *coepit* ... *docere* ..., *ita uti si esset filia.*

V. 410. Mit *abduce* beginnt ein Anakoluth. Statt zu sagen '. ... *dabo quinque minas tibi, tu uero hanc abduce*' schickt Demipho dasjenige voraus, was für ihn das Wichtigste ist, und gibt so den Gedankenzusammenhang auf. — *mina* die lateinische Form für μνᾶ; *i* ist

Ph. Hahabaé, homo suaui's. De. Quid est? num iniquom póstulo?
An ne hóc quidem ego adipíscar, quod ius públicumst?
Ph. Itan tándem, quaeso, item út meretricem ubi abúsus sis,
Mercédem dare lex iúbet ei atque amittere?
An, ut néquid turpe ciuis in se admitteret 415
Proptér egestatem, próxumo iussást dari,
Vt cum úno aetatem dégeret? quod tú uetas.
De. Ita, próxumo quidem; át nos unde? aut quam óbrem? Ph.
Ohe,
'Actum' áiunt 'ne agas'. De. Nón agam? immo haud désinam,
Donéc perfecero hóc. Ph. Ineptis. De. Sine modo. 420
Ph. Postrémo tecum nil rei nobis, Démiphost;
Tuos ést damnatus gnátus, non tu; nám tua
Praetérierat iam ad dúcendum aetas. De. Ómnia haec
Illúm putato, quae égo nunc dico, dicere;
Aut quidem cum uxore hac ípsum prohibebó domo. 425
Ge. Irátus est. Ph. Tu té idem melius féceris.
De. Itane és paratus fácere me aduorsum ómnia,
Infélix? Ph. Metuit hic nos, tam etsi sédulo
Dissimulat. Ge. Bene habent tibi principia. Ph. Quin quod est
Ferúndum fers? tuis dignum factis féceris, 430
Vt amici inter nos simus. De. Egon tuam éxpetam
Amicitiam? aut te uisum aut auditúm uelim?
Ph. Si cóncordabis cum illa, habebis quaé tuam
Senectútem oblectet; réspice aetatém tuam.
De. Te obléctet; tibi habe. Ph. Minue uero iram. De. Hóc age; 435
Satis iám uerborumst: nisi tu properas múlierem
Abdúcere, ego illam eíciam. dixi, Phórmio.
Ph. Si tu illam attigeris sécus quam dignumst liberam,

zur Erleichterung der Aussprache eingeschoben, wie ähnliche Aenderungen vielfach im alten Latein vorgenommen wurden, wenn das Griechische Consonantenverbindungen bot, welche dem Organ der Lateiner widerstrebten; z. B. *Alcumena, Hercules;* s. Ritschl, Op. phil. II 469—523. — Fünf Minen sind gerade 500 Drachmen; vergl. Anm. zu V. 125.
V. 411 *homo suaui's* vergl. V. 324 u. Anm. S. Anhang.
V. 413 *item ut ... ubi* vergl. V. 409 *Itidem ut ... si ...*
V. 415 *Vt nequid ...* vergl. z. B. Heaut. V. 269. — *ciuis* ist hier Femininum.
V. 418 *Ohe* eine Interjection der Abwehr; vergl. Ad. V. 769; Horaz Sat. II 5, 96.

V. 420 *modo* beim Imperativ macht denselben eindringlicher und ungeduldiger. S. Loch a. O. S. 17.
V. 426 *idem ... feceris* so viel als *prohibueris*. Von diesem dem Sinne vorschwebenden Worte hängt *te* als Accusativ ab; oder *te* ist Ablativ (des Mittels), wie er sonst sehr gewöhnlich bei *esse, facere, fieri* steht; s. Anm. zu V. 137. — *feceris* ist ebenso wie V. 430 wohl als Fut. exact. zu fassen; vergl. V. 882 *Fecero;* s. Anm. zu V. 308.
V. 427 *aduorsum* sehr oft und nicht blos bei den Komikern postpositiv; s. Handii Tursell. I 188.
V. 428 f. sprechen Phormio und Geta natürlich zur Seite.
V. 435 *Hoc age:* vergl. Anm. zu V. 350.

Dicám tibi inpingam grándem. dixi, Démipho.
Siquíd opus fuerit, heús, domo me. GE. Intéllego. 440

DEMIPHO GETA HEGIO CRATINVS CRITO
SENEX SERVOS ADVOCATI III

III DE. Quantá me cura et sóllicitudine ádficit
3 Gnatús, qui me et se hisce ínpediuit núptiis!
Neque mi ín conspectum pródit, ut saltém sciam,
Quid de eá re dicat quidue sit senténtiae.
5 Abi, uise redieritne iam an non dúm domum. 445
GE. Eó. — DE. Videtis quo ín loco res haéc siet.
Quid ágo? dic, Hegio. HE. Égo? Cratinum cénseo,
Si tibi uidetur. DE. Dic, Cratine. CRA. Méne uis?
DE. Te. CRA. Ego quae in rem tuam sint éa uelim faciás; mihi
10 Sic hóc uidetur: quód te absente hic fílius 450
Egit, restitui in íntegrum aequomst ét bonum:
Et id inpetrabis. dixi. DE. Dic nunc, Hégio.
HE. Ego sédulo hunc dixisse credo; uérum itast:
Quod hómines, tot senténtiae; suos quoique mos.
15 Mihi nón uidetur, quód sit factum légibus 455
Rescindi posse; et túrpe inceptust. DE. Dic, Crito.
CRI. Ego ámplius deliberandum cénseo:
Res mágnast. HE. Numquid nós uis? DE. Fecistís probe:
Incértior sum múlto quam dudúm. — GE. Negant
20 Redisse. DE. Frater ést exspectandús mihi: 460
Is quód mihi dederit de hác re consilium, íd sequar.
Percóntatum ibo ad pórtum, quoad se récipiat.

V.440. Phormio und Geta sprechen dies zur Seite; darauf geht Phormio nach rechts ab. — *domo me* s. Anm. zu V. 80.
V. 443 *in conspectum* (vergl. V. 261); anderweitig auch *ante oculos* (s. Eun. V. 623, 794).
V. 445 *Abi, uise;* vergl. Anm. zu V. 777.
V. 446. Geta geht ins mittlere Haus ab, aus welchem er V. 459 zurückkehrt.
V. 454 *suos quoique mos* mit Beziehung darauf, dass Cratinus wohl händelsüchtig sei und den Demipho ohne Bedenken in Processe stürze.
V. 458 *Numquid nos uis?* vergl. V. 151 u. Anm. Nach diesen Worten des Hegio gehn die drei 'aduocati' nach dem Forum zurück.

Gleichzeitig tritt Geta wieder aus dem Hause des Demipho.
V. 458 f. Die Unzuverlässigkeit und Untüchtigkeit der in Rechtssachen zum Beistand angerufenen Bekannten werden von den Komikern wiederholt lächerlich gemacht. Vergl. z. B. Plaut. Poen. III Sc. 1, welche uns nur in stark überarbeiter Fassung vorliegt.
V. 462 *quoad* 'bis wann' wie V. 148; vergl. auch *dies quam ad* V. 524. — *se recipere* ohne den Nebenbegriff des Zögernden, Widerwilligen: zurückkehren; vergl. V. 464. 606, 826. 879. — Nach diesem Verse geht Demipho nach der Hafenseite hin ab. Der soeben auftretende Antipho trifft mit ihm nicht zusammen, kommt also von der Marktseite (s. zu V. 218).

GE. At ego Ántiphonem quaéram, ut quae acta hic sint sciat.
· Sed eccum ipsum uideo in témpore huc se récipere.

ANTIPHO GETA
ADVLESCENS SERVOS

III AN. Énim uero, Antiphó, multimodis cum ístoc animo es uitupe-
4   randus: 465
 Ítane te hinc abisse et uitam tuám tutandam aliis dedisse!
 Álios tuam rem crédidisti magis quam tete animum áduor-
         suros?
 Nam út ut erant alia, ílli certe quaé nunc tibi domist con-
        suleres,
5 Néquid propter tuám fidem decépta poteretúr mali;
 Quoí nunc miserae spés opesque súnt in te uno omnés
        sitae.   470
GE. Et quidem, ere, nos iam dúdum hic te absentem incusamus,
      qui ábieris.
AN. Te ipsúm quaerebam. GE. Séd ea causa nihilo magis defé-
      cimus.
AN. Loquere óbsecro, quo nam in loco sunt rés et fortunaé meae:

V. 464. So wie *ecce* den Accusativ eines besonderen Nomens oder Pronomens bei sich haben kann, kann es sich auch mit den Accusativis der Demonstrativpronomina zu einem Worte verbinden (zu *eccum, eccam, eccos, eccus, ecca*, auch *eccillum* u. s. w. *eccistam;* s. Neue a. O. II 567). Dann steht diese Wendung des Ausrufs entweder ohne einen weiteren Satz, jedoch meist mit einem andern Accusativ; z. B. V. 600 *Sed eccum ipsum;* Eun. V. 395 *sed eccum militem;* oder sie steht parenthetisch in einem Satze ohne Rücksicht auf die Construction desselben; z. B. V. 484 *Eccum ab sua palaestra exit foras;* Ad. V. 792 f. *Eccum adest Communis corruptela nostrum liberum.* Vergl. O. Ribbeck, Lat. Part. S. 42 f.
V. 465 *cum istoc animo* wie z. B. Andr. V. 940 f. *Dignus es Cum tua religione, odium* ... Der '*animus*' erscheint als etwas den Antipho nur zufällig Begleitendes. Vergl. Holtze a. O. I 97 f.
V. 466 *uitam tuam*, das Leben, welches auf Phaniums Besitz beruht.

V. 468 *consuleres* Potentialis der Vergangenheit; s. V. 297 ff. u. Anm.
V. 469. Zur metaplastischen Form *poteretur* vergl. z. B. V. 830 und Neue a. O. II 321; hinsichtlich der Bedeutung bemerkt Donat z. d. St. '*potiri τῶν μέσων fuit*' (vergl. Ad. V. 876 . . . . *miseriam omnem ego capio, hic potitur gaudia*).
V. 471. Mit *Et quidem* wird hier wie sonst die vorausgehende Behauptung aufrecht erhalten und ihr eine in den gleichen Bereich gehörige beschränktere zugefügt; s. Reisig's Vorles. v. Haase Anm. 429. — Für *iamdudum* steht hier und Eun. V. 734. 743 im Cod. A *iandudum,* während an sehr vielen andern Stellen *iam* unverändert geblieben ist. Diese Assimilation zweier selbständiger Wörter, welche die Aussprache allerdings schon frühzeitig vornahm, fand in die Schreibung nur vereinzelt Eingang, wenn auch die Theorie späterer Grammatiker sie verlangte. Vergl. Brambach, Lat. Orth. S. 263 ff. Corssen, Vocal.² I 265 f.
— Der Relativsatz *qui abieris* bezeichnet den Grund.

10 Numquid patri subolét? GE. Nil etiam. AN. Ecquid spei porrost? GE. Néscio. AN. Ah.
GE. Nisi Phaédria haud cessáuit pro te eníti. AN. Nil fecít noui. 475
GE. Tum Phórmio itidem in hác re ut aliis strénuom hominem praébuit.
AN. Quid is fécit? GE. Confutáuit uerbis ádmodum iratúm senem.
AN. Eu, Phórmio. GE. Ego quod pótui porro. AN. Mi Ceta, omnis uós amo.
15 GE. Sic habent principia sese ut díxi: adhuc tranquilla res est, Mánsurusque pátruom pater est, dum húc adueniat. AN. Quid eum? GE. Vt aibat 480
De eius consilio sése uelle fácere quod ad banc rem áttinet.
AN. Quántum metuíst mihi, uidere huc sáluom nunc patruóm, Geta!
Nam eius per unam, ut aúdio, aut uiuam aút moriar senténtiam.
20 GE. Phaédria tibi adést. AN. Vbi nam? GE. Eccum ab suá palaestra exit foras.

PHAEDRIA DORIO ANTIPHO GETA
ADVLESCENS LENO ADVLESCENS SERVOS
*III*PH. Dório, 485
5 Audi óbsecro. Do. Non aúdio. PH. Parúmper. Do. Quin omitte me.

V. 474 *subolet* (neutral wie das griechlsche ὄζω) wird nur drittpersönlich gebraucht: *subolet mihi aliquid*, ich spüre etwas. Vergl. Heaut. V. 899, wo übrigens *subolat* den Uebergang in die 3. Coniug. zeigt.
V. 475 *Nisi* in verkürzter Wendung einem Adverbium (ausser, nur) entsprechend; auf das vorausgehende *Nescio* ist in der Construction keine Rücksicht genommen. Vollständig heisst es V. 952 f. *Nescio Nisi me dixisse nemini certo scio*. Vergl. Andr. V. 663 f. Eun. V. 826 f., abgekürzt wie oben in Heaut. V. 641 f. Vergl. Handii Turs. IV 234 f.; Holtze a. O. II 377.
V. 476 *ut aliis* ohne *in* s. V. 171 u. Anm. — Die Construction von *praebere* (ohne *se)* ist sehr gewählt, ja, wie es scheint, sogar vereinzelt, aber erklärlich und ohne Anstoss.
V. 478 *Ego* q. s.: '*De se mediocriter per* ἔλλειψιν, *moraliter satis*' (Donat).

V. 480 *Quid eum?* nämlich *mansurus est.*
V. 481. Anakoluthisch wird der Gedanke, welcher selbständig ausgedrückt werden sollte, vom vorausgehenden Nebensatze abhängig gemacht.
V. 482 *Quantum metuist* ist hier mit dem Infinitiv verbunden, wie er bei den entgegengesetzten Begriffen *volup est, gaudeo* gewöhnlich steht. — Im Folgenden fehlt das leicht zu ergänzende *uenire*. — Ueber *metuis* s. Anm. zu V. 154. Noch Cicero schrieb so pro Sext. Rosc. c. 50 § 145 (s. Fleckeisen, Kr. Misc. S. 43). — Dorio, der sich nach dem Forum begeben will, tritt aus seinem Hause; ihm folgt Phaedria. — *palaestra* in ironischer Vergleichung.
V. 485. Bis V. 503 sprechen die beiden Parteien nur unter sich, und zwar so, dass die eben Zugekommenen die bereits Anwesenden noch nicht bemerken.

Ph. Aúdi quod dicam. Do. Át enim taedet iam audire eadem
miliens.
Ph. Át nunc dicam quód lubenter aúdias. Do. Loquere, aúdio.
Ph. Nón queo te exoráre ut maneas triduom hoc? quo núnc abis?
5 Do. Mirábar si tu mihi quicquam adferrés noui. An. Ei, 490
Metuó lenonem néquid... Ge. Suo suát capiti. idem ego
uéreor.
Ph. Non dúm mihi credis? Do. Háriolare. Ph. Sín fidem do?
Do. Fábulae.
Ph. Faéneratum istúc beneficium púlchre tibi dicés. Do. Logi.
Ph. Créde mihi, gaudébis facto; uérum hercle hoc est. Do. Sómnia.
10 Ph. Éxperire; nón est longum. Do. Cántilenam eandém canis. 495
Ph. Tú cognatus, tú parens, tu amicus, tu.. Do. Garri modo.
Ph. Ádeon ingenio ésse duro te átque inexorábili,
Vt neque misericórdia neque précibus molliri queas!
Do. Ádeon te esse incógitantem atque inpudentem, Phaédria,
15 Vt phaleratis ducas dictis me ét meam ductes grátiis! 500
An, Miseritumst. Ph. Ei, uéris uincor. Ge. Quám uterquest si-
milis sui.
[Ph. Neque, Ántipho alia quom óccupatus ésset sollicitúdine,
Tum hoc ésse mi obiectúm malum!]
An. Quid istuc autem est, Phaédria?

V. 491. Antipho unterbricht nach
nequid selbst seine leicht zu ergänzende Rede (mali Phaedriae
struat; 'ἀποσιώπησις διὰ τὸν εὐφη-
μισμόν' nach Donat) oder er wird
von Geta unterbrochen. Geta, welcher bereits ahnt, um was es sich
handelt, ergänzt scherzend die
Worte Antiphos in dem Sinne, in
welchem meistens (in den Lustspielen) die Streitigkeiten mit einem
Kuppler für diesen auszugehn
pflegten. Er fügt hinzu, dass er
dabei das Gleiche (natürlich für
sich) fürchte.
V. 493 Faeneratum passiv: ver-
zinst. — Logi latinisirt aus λόγοι
(vergl. Plaut. Stich. V. 390 logi und
V. 221. 383 logos), bildet hier den
Gegensatz zum Realen (πράγματα)
und bezeichnet daher etwas Nichti-
ges, Leeres.
V. 495 cantilena: 'uetus et uul-
gata cantio' (Donat).
V. 496 cognatus u. s. w. sind
Praedicatsnomina; ausgefallen ist
mihi eris.
V. 500 phaleratis 'honestis atque
ornatis' (Donat): prunkend. — du-
cere hinziehen, täuschen; vergl.
Andr. V. 180: Id uoluit, nos sic
nec opinantis duci falso gaudio q.
s. — ducas me und meam (ancil-
lam) ductes ist ein übrigens etwas
frostiges Wortspiel. Ductare hier,
wie öfters, 'heimführen' in obscö-
nem Sinne; z. B. Plaut. Poen. IV 2
V. 46 Neque triobulum ullum ami-
cae das, sei (so ist für et zu lesen)
ductas gratiis. — Die Ellipse von
seruos, ancilla u. dergl. ist sehr
naheliegend und daher sehr gewöhnlich. Einige Beispiele aus den
Komödien bei Holtze a. O. I 341.
Regel ist sie bei Angabe des Namens. Vergl. aus der Didaskalie
des Stückes 'Flaccus Claudi' und
d. Anm.
V. 501 Ei, ueris uincor sagt
Phaedria zu sich.
V. 502 f. Ueber die eingeklammerten Worte s. Anhang.
V. 503 b. Ein eingeschobener katal. troch. Dimeter; vergl. Einl.
S. 21. — Nachdem durch das ver-
zweifelnde Eingeständniss des Phaedria (Ei, ueris uincor) dessen Unterredung mit Dorio zu einem ge-

PH. Ó fortunatíssume Antípho. AN. Égone? PH. Quoi quod amás
  domist;
20 Néque cum huius modi umquam úsus uenit út conflictarés
  malo. 505
AN. Mihin domist? immo, íd quod aiunt, aúribus teneó lupum.
  [Nám neque quo pacto á me amittam néque uti retineám scio.]
Do. Ípsum istuc mihi in hóc est. AN. Heia, né parum lenó sies.
  Númquid hic confécit? PH. Hicine? quód homo inhumanís-
  sumus;
25 Pámphilam meam uéndidit. AN. Quid? uéndidit? GE. Ain?
  uéndidit? 510
PH. Véndidit. Do. Quam indígnum facinus, áncillam aere emptám meo!
PH. Néqueo exorare út me maneat ét cum illo ut mutét fidem
  Tríduom hoc, dum id quód est promissum ab amícis argentum
  aúfero.
  Si non tum dedero, únam praeterea hóram ne oppertús sies.
30 Do. Óptundes? AN. Haud lóngumst id quod órat; exorét sine. 515
  Idem hic tibi, quod bóni promeritus fúeris, conduplicáuerit.
Do. Vérba istaec sunt. AN. Pámphilamne hac úrbe priuari sines?
  Túm praeterea horúnc amorem distrahi poterín pati?
Do. Néque ego neque tu. PH. Di tibi omnes íd quod es dignús
  duint.

wissen Abschluss gelangt ist, wird
dem Gespräch durch das Eintreten
des Antipho und Geta eine neue
Wendung gegeben.
V. 505 *malo* ist Neutrum: Scheusal.
V. 506 *auribus teneo lupum*, grae-
cum *prouerbium* 'τῶν ὤτων ἔχω
τὸν λύκον· οὔτ' ἔχειν οὔτ' ἀφεῖναι
δύναμαι' (Donat).
V. 508 *ne parum leno sies* ironisch.
V. 512. Die Praeposition *cum*
wird in der Umgangssprache eigenthümlich gebraucht zur Bezeichnung
einer Person, welche an einer auf
Wechselseitigkeit beruhenden Handlung als nothwendiges Glied betheili-
ligt ist; selbst dann, wenn die betreffende Handlung gegen sie gerichtet ist. So *conuenire* und
discrepare (u. ähnl.) *cum aliquo,
orare* und *queri cum aliquo, con-
iugium* und *diuortium facere cum
aliqua.* Ebenso *fidem seruare* und
mutare cum aliquo; vergl. z. B.
Plaut. Merc. V. 531 :... *Sei (si) mecum seruatur fides;* Pseud. V. 376
*Si tu argentum attuleris, cum illo
perdidero fidem.* S. Handii Turs. II
147 ff.; Reisig's Vorles. v. Haase §
417 u. Anm. 574; Nägelsbach, Lat.
Stil. 4 S. 347.
V. 513 bezieht sich streng genommen nur auf den ersten wichti-
geren Satz mit *ut.* — Bei *dum* ist
in der Umgangssprache das Praes.
Indic., d. h. eine rein temporale,
nicht finale Auffassung des Zusam-
menhanges, bei vorausgehendem
Verbum des Wartens ganz gewöhnlich; vergl. Heaut. V. 833 *Tu hic
nos, dum eximus, interea opperi-
bere.* Mehre Beispiele bei Holtze
a. O. II 68.
V. 514 *tum dedero* gewissermassen
ein Begriff ('Wort halten'), daher
non vor *tum.* — Das Perfectum
coni. *oppertus sies* statt des Impe-
rativs kommt nur in negativen
Sätzen vor, ist auch im Allgemeinen
nicht häufig; vergl. Loch a. O.S. 20f.
V. 516 *conduplicauerit* ist Fut.
exactum; vergl. Anm. zu V. 308.
V. 519 *Neque ego neque tu* ironisch, wobei ein besonderer Hohn
darin liegt, dass Antipho, den die
Sache eigentlich nichts angeht, auch
als Einer bezeichnet wird, der nicht
dulden kann u. s. w. Ueber die
Personenvertheilung s. Anhang. —

35 Do. Égo te compluris aduorsum ingénium meum mensis tuli 520
Póllicitantem et nil ferentem, fléntem; nunc contra ómnia haec
Répperi qui dét neque lacrumet: dá locum melióribus.
AN. Cérte hercle, ego si sátis commemini, tibi quidem est olím dies,
Quam ád dares huic, praéstituta. PH. Fáctum. Do. Num ego
istúd nego?
40 AN. Iam éa praeteriit? Do. Nón, uerum haec eī ántecessit. AN.
Nón pudet 525
Vánitatis? Do. Minume, dum ob rem. GE. Stérculinum. PH.
Dório,
Itane tandem fácere oportet? Do. Sic sum: si placeo, útere.
AN. Síc hunc decipi! Do. Immo enim uero, Ántipho, hic me décipit:
Nam hic me huius modi scibat esse; ego húnc esse aliter
crédidi;
45 Iste me feféllit; ego isti nibilo sum aliter ác fui. 530
Séd ut ut haec sunt, támen hoc faciam: crás mane argentúm
mihi
Miles dare se díxit; si mihi príor tu attuleris, Phaédria,
Meá lege utar, út potior sit, qui prior ad dandúmst. uale.

PHAEDRIA ANTIPHO GETA
ADVLESCENTES II   SERVOS

III PH. Quid faciam? unde ego nunc tam subito huic árgentum in-
6   ueniám miser,
Quoi minus nihilost, quód, hic si pote fuísset exorárier 535

quod es dignus: der Casus des Relativs ist attrahirt an den des Demonstrativs. Es schwebt die Ergänzung von *deos tibi dare* vor.
V. 521. Die Participia nach der bekannten griech. Construction; Krüger, Gr. Spr. § 56, 6 Anm. 1.
V. 524. Ueber den vereinzelten postpositiven Gebrauch von Praepositionen, die sonst ihrem Casus voranstehn, s. Holtze a. O. II 219. Obige Wendung mochte zu dem öfters formelhaft in Verträgen u. dergl. vorkommen und bewahrte so auch die alterthümliche Form. Bei Plaut. Pseud. V. 628 f. steht *argento haec dies Praestitutast,* quoad *referres nobis. — Factum* eine der gewöhnlichen Wendungen, in welchen die Copula wegbleibt; s. V. 751 u. Anm. sowie Ritschl. Prol. in Trin. S. CXI.
V. 526 *Sterculinum* ebenso Plaut. Pers. V. 407, während es Cas. I V. 26 vollständiger heisst: *Ex stercuIino effosse* . . .

V. 527 *si placeo, utere:* der Gegensatz, auf den es hier dem Dorio zumeist ankommt, ist leicht zu ergänzen.
V. 529 *scibat:* in dichterischer und archaischer Sprache haben die Verba der 4. Coniug. vor den Endungen *bam, bar, bo, bor* u. s. w. (diese Futurendungen für *am, ar* u. s. w. sind im alten Latein ganz gewöhnlich) sehr oft ī statt *ie;* es wurde damit wohl der wirklichen Aussprache des Volkes Rechnung getragen. Vergl. V. 582 *Scibam;* V. 642 *insanibat;* s. Neue a. O. II 341 ff.
V. 532 *dare:* das Praesens aus Lebhaftigkeit statt des Futurum. Nach V. 533 geht Dorio nach dem Forum hin ab.
V. 534 *inuenire argentum* bei den Komikern sehr häufig für *arg. parare, conficere;* z. B. V. 540. 778; Heaut. V. 329. 512 f.
V. 535 *quod* auf *argentum* bezogen; s. V. 371 u. Anm.

Terentius, Phormio.   5

Tríduom hoc, promíssum fuerat? AN. Ítane hunc patiemúr,
Geta,
Fieri miserum, qui me dudum, ut díxti, adiuerit cómiter?
Quín, quom opust, beneficium rursum eí éxperiemur réddere?
GE. Scio equidem hoc esse aéquom. AN. Age ergo, sólus seruare
húnc potes.
GE. Quid faciam? AN. Inueniás argentum. GE. Cúpio; sed id
unde, édoce. 540
AN. Páter adest hic. GE. Scío; sed quid tum? AN. Ah, dictum
sapienti sat est.
GE. Ítane? AN. Ita. GE. Sane hércle pulchre suádes: etiam tu
hinc abis?
Nón triumpho, ex núptiis tuis si nil nanciscór mali,
Ni étiam nunc me huius caúsa quaerere in malo lubeás
crucem?
AN. Vérum hic dicit. PH. Quid? ego uobis, Géta, alienus sum?
GE. Haúd puto; 545
Séd parumne est, quod ómnibus nunc nóbis suscensét senex,

V. 536 *Triduom hoc* mit der der
Umgangssprache eigenthümlichen
Kürze etwa für '*ut triduom hoc
maneret*' (s. V. 489. 513). — *promissum:* Seitens der Freunde.
V. 537. Dass mit Guyet *adiuerit*
statt des handschriftlichen *adiuuerit*
zu lesen sei, mit Ausstossung des
zweiten *u* und Verkürzung des
ersten *u*, macht das Metrum wahrscheinlich; vergl. Neue a. O. II 416.
V. 539 *equidem* ist ein versichern-
des Adverb, aus der Interiection
ē (s. O. Ribbeck, Lat. Part. S. 26 f.)
mit Verkürzung des Vocals und
quidem zusammengesetzt. Eine
falsche, zuerst, wie es scheint,
von Cicero durchgeführte Theorie
hat es von *ego* und *quidem* ab-
geleitet und nur mit der ersten
Person verbunden. Plautus und
Terenz und viele andere Schriftsteller der frühen sowie späten
Zeit gebrauchen es ohne Unterschied der Person (s. O. Ribbeck
a. O. S. 36 ff.; vergl. Handii Turs.
II 422 ff.). Anders Ritschl. Prol. in
Trin. 76 ff., der jedoch Trin. ² Anm.
zu V. 352 sich O. Ribbeck anschliesst.
V. 542. Ueber den Hiatus nach *ítane*
s. V. 146 u. Anm. — *etiam tu hinc
abis?* In übertragenem Sinne: auch
du verlässt mich und meine Sache?
V. 543 f. An eine Frage, auf

welche die Antwort sehr entschieden
bejahend lauten würde, wird condicional mit *ni* ein Fall angereiht, durch
dessen Eintreten das Vorausge-
schickte sehr unwahrscheinlich wird,
dessen Nichteintreten also vom Sprechenden gewünscht wird um dem
vorausgehenden Falle nicht entge-
genzuwirken. Wir geben den Satz
mit *ni* besser parataktisch: Musst
du jetzt gar noch mich ... heissen?
Ebenso ist das Verhältniss des Satzes
mit *ni* in V. 547.
V. 544. Die logische Betonung
eines Wortes ist ohne wesentlichen
Einfluss auf den Versictus. So steht
z. B. hier *huius*, V. 542 *tu* in der
Senkung. — *quaerere in malo ...
crucem* wird von Donat etwas unbe-
stimmt erklärt: '*quasi dicat: in malo
aliud malum*'. Es ist auf *quaerere
crucem* (das schlimmste Uebel) der
Nachdruck zu legen; *in malo:* in
dem mich bereits umgebenden, be-
drohenden Uebel. *Malum* oder
malam rem quaerere ist ein der
Umgangssprache sehr geläufiger
Ausdruck (s. Bentley z. d. St.).
V. 546 f. Vergl. Anm. zu V. 543 f.
u. vergl. Plaut. Merc. V. 692 f.:
*Parumne hoc est malae rei quod
amat Demipho, Ni sumptuosus in-
super etiam siet?*

Ni instigemus etiam, ut nullus locus relinquatur preci?
PH. Alius ab oculis meis illam in ignotum abducet locum? em:
15 Tum igitur, dum licet dumque adsum, loquimini mecum,
Antipho,
Contemplamini me. AN. Quam obrem? aut quid nam factu-
rú's, cedo? 550
PH. Quoquo hinc asportabitur terrarum, certumst persequi
Aút perire. GE. Di bene uortant quod agas; pedetemptim
tamen.
20 AN. Vide siquid opis potes adferre huic. GE. 'Siquid'? quid?
AN. Quaere obsecro:
Nequid plus minusue faxit, quod nos post pigeat, Geta.
GE. Quaero. AN. Saluos est, ut opinor. GE. Verum enim metuó
malum. 555
AN. Noli metuere; una tecum bona mala tolerabimus.
GE. Quantum opus est tibi argenti, loquere. PH. Solae triginta
minae.
25 GE. Triginta? hui, percarast, Phaedria. PH. Istaec uero uilis est.
GE. Age age, inuentas reddam. PH. O lepidum. GE. Aufer te hinc.
PH. Iam opust. GE. Iam feres.
Sed opus est mihi Phormionem ad hanc rem adiutorem dari. 560
PH. Praestost: audacissume oneris quid uis inpone, ecferet;
Solus est homo amico amicus. GE. Eamus ergo ad eum ocius.
30 AN. Numquid est quod opera mea uobis opus sit? GE. Nil; uerum
abi domum
Et illam miseram, quam ego nunc intus scio esse exanimatam
metu,
Consolare. cessas? AN. Nihil est aeque quod faciam lubens. 565
PH. Qua uia istuc facies? GE. Dicam in itinere; hinc modo te
amoue.

V. 552. Die Worte des etwas ungläubigen Geta sind ironisch zu nehmen. — *pedetemptim tamen*, nämlich *agas*.
V. 554 *plus minusue (quam aequom est)* formelhaft; vergl. Plaut. Capt. 995; Men. V. 592 (s. Westerhof zu u. St.). Hec. V. 730 in andrer Wendung: *nequid faciam plus, quod post me minus fecisse satius sit*.
V. 556 *bona mala:* das Fehlen des Bindewortes ist besonders bei zwei sich wechselseitig ergänzenden Begriffen gewöhnlich, wie auch in der Prosa; vergl. Nägelsbach, Lat. Stil. 4 S. 483; Holtze a. O. II 212 ff.
V. 558. Ueber die höchst verschiedenen Preise von Sklaven und Sklavinnen s. Boeckh, Staatsh. d. Ath. I² S. 95 ff. Büchsenschütz, Bes. u Erw. S. 200 ff.
V. 559 *Aufer te hinc:* vergl. das wiederholte Drängen V. 566 *hinc modo te amoue.*
V. 562 *Solus est homo amico amicus* lautete nach Donat bei Apollodorus: Μόνος φιλεῖν γὰρ τοὺς φίλους ἐπίσταται.
V. 566 *istuc facies*: die 30 Minen herbeischaffen. — *iter* wie gewöhnlich der 'Weg' mit Bezug auf die Thätigkeit der Gehenden; sonst *uia*.
Mit V. 565 tritt Antipho in das mittlere Haus; Phaedria und Geta gehn nach V. 566 nach dem Forum hin ab.

ACTVS IV

DEMIPHO CHREMES
SENES II

IV **DE.** Quid? qua profectus caúsa hinc es Lemnúm, Chreme,
1 Addúxtin tecum fíliam? **CH.** Non. **DE.** Quid ita non?
CH. Postquám uidet me eius máter esse hic diútius,
Simul aútem non manébat aetas uírginis 570
5 Meam néclegentiam; ipsam cum omni fámilia
Ad mé profectam esse aíbant. **DE.** Quid illi tám diu
Quaeso igitur commorábare, ubi íd audíueras?
CH. Pol mé detinuit mórbus. **DE.** Vnde? aut quí? **CH.** Rogas?
Senéctus ipsast mórbus. sed uenísse eas 575
10 Saluás audiui ex naúta qui illas uéxerat.
DE. Quid gnáto optigerit me ábsente, audisti, Chreme?
CH. Quod quidem me factum cónsili incertúm facit.
Nam hanc cóndicionem síquoi tulero extrário,

Bei Beginn des IV. Actes treten Demipho und Chremes von der Hafenseite her (von links) auf die Bühne und bleiben vor dem Hause des Chremes stehn. Erst aus ihrer Unterredung wird der eine Theil, und zwar ein sehr wichtiger, des Argumentes den Zuschauern bekannt. V. 567. Wie *Chremes* einen Genetiv *Chremis* und einen Accusativ *Chremem* bilden kann (s. Anm. zu V. 63), so einen Vocativ *Chreme* in Uebereinstimmung mit der von Priscian S. 730 P. (I 288 II.) gegebenen Regel: *Nec solum in his quae sunt primae, sed etiam in illis quae tertiae, id est in omnibus Graecis es producta finitis, similiter inuenis uocatiuum in e productam proferri, ut Chreme, Lache, Achille* q. s. (vergl. Neue a. O. I 303 ff.). S. Anhang.
V. 570 f. *uidet . . . manebat:* der Wechsel des Tempus beruht auf der verschiedenen Art der Handlung; zudem kann *Simul autem* q. s. als selbständiger Satz gefasst werden. *manebat* nähert sich hier der Bedeutung von *patiebatur* (vergl. μένειν mit seinen Compositis).
V. 571 f. Der Nachsatz ist — mit Hintansetzung der strengen Logik, aber ganz im Tone der Umgangs-sprache — zusammengezogen aus: *ipsa . . . profecta est, ut aibant. — cum omni familia* stimmt nicht recht zu V. 98 ff.
V. 572 *aibant* immer zweisilbig; daneben *aiebam* u. s. w. dreisilbig.
— *illi* s. V. 91 u. Anm.
V. 573. Für *audiueras* steht in ADG *audieras* (mit langem *i*). Dies liesse sich mit *ferant* Ad. V. 27 vergleichen, wo diese Lesart auch durch Donat ausdrücklich bezeugt ist.
V. 574 *Vnde* frägt nach Grund und Anlass der Krankheit, *qui* nach ihrer Art (bez. dem Namen).
V. 575 *Senectus ipsast morbus* lautete nach Donat bei Apollodorus: Τὸ γῆράς ἐστιν αὐτὸ νόσημα. — Sehr passend wird eine weitere Auslassung über die Krankheit unterdrückt.
V. 577 f. Um eine Wiederholung des bereits Bekannten zu vermeiden, lässt der Dichter den Chremes vor diesem Gespräch mit Demipho über die Heirath des Antipho unterrichtet werden. S. Anhang.
V. 579 *condicio* ist die auf Gegenseitigkeit beruhende Abmachung (hier die Verlobung der Tochter des Chremes), welche von dem Einen angetragen oder erbeten, von dem Andern angenommen oder ge-

```
       Quo pácto aut unde mihi sit dicundum órdinest.           580
  15   Te mihi fidelem esse aéque atque egomet súm mihi
       Scibam. Ille si me aliénus adfiném uolet,
       Tacébit, dum intercédet familiáritas;
       Sin spréuerit me, plús quam opus est scitó sciet,
       Vereórque ne uxor áliqua hoc rescisrát mea.              585
  20   Quod sí fit, ut me excútiam atque egrediár domo,
       Id réstat; nam ego meórum solus súm meus.
  DE.  Scio ita ésse; et istaec mihi res sollicitúdinist,
       Neque défetiscar úsque adeo experírier,
       Donéc tibi id quod póllicitus sum effécero.              590

            GETA  DEMIPHO  CHREMES
            SERVOS         SENES II

IV     Ego hóminem callidiórem uidi néminem
 2     Quam Phórmionem. uénio ad hominem, ut dicerem
```

währt wird. Bei Plaut. Trin. V. 488 f. heisst es in gleicher Beziehung: *Nunc condicionem hanc, quam ego fero et quam aps te peto, Dare atque accipere, Lesbonice, te uolo.* — *Extrarius*, im Gegensatz von *domesticus*, ist nach Paulus Diac. ex Festo S. 78 M. *'qui extra focum sacramentum iusque sit'*.
V. 580 *sit*, nämlich *condicio.* — *Quo pacto* ist allgemeiner als *unde*.
V. 581 f. Die Worte *Te . . . Scibam* könnten concessiv dem Folgenden untergeordnet sein; im Griechischen träte μέν ... δέ ein.
V. 582 *alienus* praedicativ (im Griechischen würde ὤν zugefügt).
V. 584 *opus est* (und *usus est*) werden namentlich bei den Komikern sehr oft mit dem Abl. singul. eines Partic. perf. pass. im Neutrum verbunden. Ein solches Participium ist — analog dem Gerundium — als Substantivirung des passiven Verbalbegriffes zu fassen. Es geht dann fast immer ein neutrales Pronomen im Nominativ (der Einzahl, selten der Mehrzahl) als Subiect voraus; an u. St. ist es aus dem *plus* zu ergänzen. Vergl. Reisig's Vorl. v. Haase Anm. 275 u. § 392; Holtze a. 0. I 26 u. 139—141.
V. 586. Der Satz mit *ut* wird im Folgenden durch *Id* aufgenommen. — *excutere* '(stark) ausschütteln, ausklopfen' (vergl. Plaut. Aul. IV 4

V. 19 . . . *excutedum pallium*; Men. V. 86. Merc. V. 576) ist wörtlich, nicht bildlich zu nehmen. Chremes, dessen Vermögen von der Frau herstammte (vergl. V. 680. 788 ff. 910), würde in dem V. 585 angedeuteten Falle mit leeren Taschen verstossen werden.
V. 587 *nam ego* q. s. ein dem griechischen Original entlehntes Wortspiel: Ἐγὼ γάρ εἰμι τῶν ἐμῶν ἐμὸς μόνος (nach Donat). Dasselbe enthält zugleich einen Hinweis auf die Armuth des Chremes (ihm gehört im Hause nichts als seine eigene Person) und auf sein nichts weniger als inniges Verhältniss zu seiner Frau.
V. 590 geht auf die schon V. 579 ff. angedeutete Absicht den Antipho mit der Tochter des Chremes zu verheirathen.
Geta, welcher mit V. 591 vom Forum her kommt (s.V.598), ist Anfangs von den Greisen noch weit entfernt (s. V. 600), nähert sich ihnen aber gegen Ende der Scene so weit, dass er den mit V. 606 aus dem mittleren Hause heraustretenden Antipho nicht mehr bemerkt.

V. 591. Statt *non* oder *nullum* ist des Nachdrucks wegen *neminem* mit Wiederholung des Begriffs *hominem* gesetzt. Vergl. z. B. Ad. V. 259 *homini nemini* und Eun. V. 549

Argéntum opus esse et id quo pacto fieret.
Vix dum dimidium dixeram, intelléxerat:
Gaudébat, me laudábat, quaerebát senem. 595
Dis grátias agébat, tempus síbi dari,
Vbi Phaédriae esse osténderet nihiló minus
Amícum sese quam Ántiphoní. hominem ád forum
Iussi ópperiri; eo me ésse adducturúm senem.
Sed eccum ípsum. quis est ultérior? attat Phaédriae 600
Pater uénit. sed quid pértimui autem bélua?
An quia quos fallam pro úno duo sunt míhi dati?
Commódius esse opínor duplici spe útier.
Petam hínc unde a primo ínstitui; is si dát, sat est;
Si ab eó nil fiet, tum húnc adóriar hóspitem. 605

ANTIPHO GETA   CHREMES DEMIPHO
ADVLESCENS SERVOS   SENES II

IV AN. Exspécto quam mox récipiat sesé Geta.
3   Sed pátruom uideo cúm patre adstantem. ei mihi,
Quam timeo, aduentus húius quo inpellát patrem.
GE. Adíbo [hosce]: o salue, nóster Chreme. CH. Salué, Geta.
5 GE. Veníre saluom uólup est. CH. Credo. GE. Quid agitur? 610

---

nemo homost; vergl. Anm. zu V. 80;
Holtze a. O. I 343. 409 f.
V. 593 *fieri* steht hier, wie sonst
im Activ *conficere* (V. 38) oder *ef-
ficere* (Heaut. V. 584).
V. 594 *dum* enklitisch.
V. 595 *quaerebat senem:* verlangte
nach dem Alten.
V. 600 *eccum ipsum:* s. Anm. zu
V. 464. — *quis est ulterior?* Chre-
mes ist also etwas hinter Demipho
zurückgeblieben. — *attat* ist der
Ausruf eines Ueberraschten, bez.
Erschreckten; s. V. 963. Andr. V.
125. Eun. V. 228. 727. 756. Hec. V.
449; Holtze a. O. II 381.
V. 601 *sed . . . autem* (aber . . .
doch) steht in Fragen, welche in
einen durch *sed* eingeleiteten, durch
autem noch hervorgehobenen und
dahervorwurfsvollen Gegensatz zum
Vorhergehenden treten; vergl. Handil
Turs. I 583.
V. 602 *An (pertimui) quia . . .*
Die rhetorische Form der argumen-
tirenden Frage mit *an* ist im Latein
sehr beliebt; s. Mor. Seyffert, Schol.
Lat. I² 94. 113 ff.
V. 604 *institui* s. Anhang.

V. 606. Zum Auftreten des Antipho
bemerkt Donat: *Ad errorem cumu-
landum persona Antiphonis inter-
ponitur, ut ei adaucto metu amit-
tendae uxoris maior uis fiat re-
pentinae laetitiae.*
V. 609. Die Anrede mit *noster*
ist ein Zeichen freundlicher Zutrau-
lichkeit; vergl. Ad. V. 883 ff., wo
ein sonst strenger Herr ausnahmsweise einen Sklaven anredet: . . .
*o Syre noster, salue: quid fit? quid
agitur?* und bei sich dann fortfährt:
*iam nunc haec tria primum addidi
Praeter naturam: 'o noster, quid
fit? quid agitur?'* — *Chreme* mit
verkürzter letzter Silbe wie z. B.
V. 563 . . . *ábi domum.* S. Einl.
S. 26.
V. 610 *uolup* ist gleich *facul* ein
Indeclinables Nomen (s. Donat z. d.
St.). Es steht meist in Verbindung
mit *est* u. s. w.; jedoch Plaut. Men.
V. 677 steht am Ende eines troch.
Septenars: *. . . ut sit uolup* (Codd.
uoluptas). Eine besondere Form
uolupe, wie sie z. B. auch Holtze
a. O. I im Index u. d. W. annimmt,
ist nicht nachweisbar.

Ch.	Multa: áduenienti, ut fit, noua hic complúria.	
Ge.	Ita. de Ántiphone audístin quae facta? Ch. Ómnia.	
Ge.	Tun díxeras huic? fácinus indignúm, Chreme,	
	Sic círcumiri! Ch. Id cum hóc agebam cómmodum.	
10 Ge.	Nam hercle égo quoque id quidem ágitans mecum sédulo	615
	Inuéni, opinor, rémedium huic rei. Ch. Quid, Geta?	
De.	Quod rémedium? Ge. Vt abii ábs te, fit forte óbuiam	
	Mihi Phórmio. Ch. Qui Phórmio? De. Is qui istánc. Ch. Scio.	
Ge.	Visúmst mihi, ut eius témptarem senténtiam.	
15	Prendo hóminem solum: 'quór non' inquam 'Phórmio,	620
	Vidés, inter nos sic haec potius cúm bona	
	Vt cómponamus grátia quam cúm mala?	
	Erus liberalis ést et fugitans litium;	
	Nam céteri quidem hércle amici omnés modo	
20	Vno óre auctores fuére, ut praecipitem hánc daret.'	625
An.	Quid hic coéptat aut quo euádet hodie? Ge. 'an légibus	
	Datúrum poenas díces, si illam eiécerit?	
	Iam id éxploratumst: éia, sudabís satis,	
	Si cum illo inceptas hómine; ea eloquéntiast.	
25	Verúm pono esse uictum eum; at tandém tamen	630
	Non cápitis ei res ágitur, sed pecúniae.'	
	Postquam hóminem his uerbis séntio mollírier,	
	'Soli sumus nunc hic' inquam; 'eho, dic quid uís dari	
	Tibi in manum, ut erus his desistat lítibus,	
30	Haec hinc facessat, tú molestus né sies?'	635

V. 611. Auf die Frage des Geta 'Was gibt's?' antwortet Chremes zuerst allgemein 'Vielerlei' und fügt sogleich specialisirend hinzu: 'Für einen Ankommenden, wie gewöhnlich, manches Neue hier'. — *compluria* im älteren Latein öfters statt *complura*; vergl. Donat zu d. St. und Neue a. O. II 99 ff.

614 *commodum* wird in der .gangssprache als temporales Adverb gebraucht, um anzugeben, dass eine Handlung mit einer andern, angegebenen oder leicht zu ergänzenden, der Zeit nach zusammenfällt (*eben, gerade*). S. Handtl Turs. II 99 f.

V. 617 *fit . . . obuiam*; vergl. Andr. V. 590; Phor. V. 52 u. Anm.

V. 622. Ueber die Stellung von *ut* s. Anm. zu V. 261.

V. 624. Der Satz mit *Nam* begründet die in *fug. litium* ausgesprochene Möglichkeit, dass es zu einem Process komme. — *modo:* so eben.

V. 625 *Vno ore:* vergl. Andr. V. 96. — *praecipitem dare aliquem* eine in der Umgangssprache beliebte Wendung; vergl. Andr. V. 214 *(me) praecipitem in pistrinum dabit*; V. 606; Ad. V. 318.

V. 626 *euadere:* vergl. V. 111. Andr. V. 127 *Quam timeo, quorsum euadas!* V. 176. Ad. V. 508 f. — *hodie* s. V. 377 u. Anm.

V. 628 *exploratumst*, nämlich *ne poenas det*.

V. 631. Es handelt sich hier um einen Process wegen gewaltsamer Entfernung der Phanium (κακώσεως). Die '*capitis res*' im Gegensatz zur '*pecuniae res*' ist die Sache, auf welche persönliche Strafen (Tod, Verbannung, Verlust von Ehrenrechten u. dergl.) stehn.

V. 634 f. *ut erus* u. s. w. Dies waren in Kürze die drei Bedingungen, welche, wenn angenommen, beide Theile befriedigen sollten.

V. 635 *facessere* neutral 'sich davon machen' gehört der Umgangs-

An. Satin illi di sunt própitii? Ge. 'nam sát scio,
  Si tu áliquam partem aequi bonique díxeris,
  Vt est ílle bonus uir, tría non commutábitis
  Verba hódie inter uos'. De. Quis te istaec iussit loqui?
35 Ch. Immó non potuit mélius peruenírier 640
  Eo quó nos uolumus. An. Óccidi. De. Perge éloqui.
Ge. A prímo homo insanibat. Ch. Cedo quid póstulat?
Ge. Quid? nímium quantum. Ch. Quántum? dic. Ge. Siquis
  daret
  Taléntum magnum. De. Immó malum hercle: ut níl pudet!
40 Ge. Quod díxi adeo ei: 'quaéso, quid si fíliam 645
  Suam únicam locáret? parui rétulit
  Non súscepisse; inuéntast quae dotém petat.'

sprache an; vergl. Plaut. Rud. V.
1061 f. Si quidem Sis pudicus, hinc
facessas.
V. 636 Satin illi di sunt propitii?
soviel als Satin sanus est? Vergl.
Plaut. Mil. gl. V. 700 Di tibi propitii sunt hercle (= rectissime dicis).
V. 638 Vt est ille bonus uir hängt
vom Folgenden ab. Ausgehend von
der Vergleichung erhält ut namentlich in der Umgangssprache eine
bestätigende Bedeutung. — tria non
commutabitis q. s.: ihr werdet schnell
über die Abfindungssumme einig
werden.
V. 639 f. Hier wie im Folgenden
ist die ganz verschiedene Sinnesart
der beiden Alten zu beachten, welche
zudem dem unerwarteten Ereigniss
in sehr verschiedener Stellung sich
gegenüber befanden.
V.: 643. Gleich mirum und ähnlichen Ausdrücken (s. Charis. S. 207
K.) wird nimium ohne Copula so
eng mit folgendem relativen quantus,
a, um verbunden, dass beide Worte
als ein Gesammtbegriff (permagnus
od. ähnl.) erscheinen; vergl. Anm.
zu V. 247.
V. 644 Talentum magnum =
26196,2 Gr. und in Geld = ca.
4715,25 Mark (s. Hultsch, Gr. u.
Röm. Metr. S. 147. 172). Gemeint
ist das Attische Silbertalent (s. V.
695. 712. 778. 922 u. s. w.) von 60
Minen, welches zum Unterschied
von andern griechischen und ausser-
griechischen Talenten geringeren Ge-
wichtes (s. Festus S. 359 M.) auch
das 'Grosse' hiess. Der attische

Münzfuss, welcher von den Mace-
doniern und den Diadochen angenommen wurde, fand im Alterthum
sehr weite Verbreitung, so dass wir
in den römischen Palliatkomödien
unbedenklich auch da an attisches
Gewicht denken dürfen, wo es ohne
nähere Bezeichnung ist. — Immo
malum hercle, nämlich dabo.
V. 645. Aus der steigernden Bedeutung von adeo entwickelt sich
die der Hervorhebung ('eben, gerade'), meist im Anschluss an ein
Pronomen. Vergl. V. 679. 944 u. a.;
Handii Turs. I 143 ff.
V. 646 locare, unterbringen, wird
in Bezug auf Verheirathung entweder absolut gebraucht oder mit
in matrimonium (bei Cicero in matrimonio), nuptiis, nuptum u. dergl.
verbunden. Vergl. z. B. V. 752.
V. 647 (parui retulit) Non sus-
cepisse: hauptsächlich aus Vermö-
gensrücksichten pflegte man in den
athenischen Familien nur ein oder
höchstens zwei Kinder (wenn möglich, Söhne) durch die 'susceptio'
anzunehmen und zu erziehen; die
andern wurden bekanntlich beseitigt (s. Becker, Charikles [2] II 5 f.
III 297; Becker-Marquardt, Röm. Alt.
V 1 S. 82). Demipho, welcher seiner
Zeit keine Tochter angenommen, um
sich die Mitgift für dieselbe zu
sparen, sollte jetzt eine Summe
gleichen Betrages für die fremde
Phanium an Phormio hingeben. Die
Höhe der Mitgift wechselte natürlich sehr. Während arme Erbtöchter
sich mit 5 Minen begnügen mussten
(s. Anm. zu V. 125), wird Heaut.

Vt ad paúca redeam ac mittam illius inéptias,
Haec dénique eius fuit postrema orátio:
45 'Ego' ínquit 'a princípio amici filiam, 650
Ita ut aéquom fuerat, uólui uxorem dúcere.
Nam mihi uenibat in mentem eius incómmodum,
In séruitutem pauperem ad ditém dari.
Sed mi ópus erat, ut apérte tibi nunc fábuler,
50 Aliquántulum quae adférret, qui dissóluerem 655
Quae débeo; et etiám nunc, si uolt Démipho
Dare quántum ab hac accípio, quae sponsást mihi,
Nullám mihi malim quam istanc uxorém dari.'
AN. Vtrúm stultitia fácere ego hunc an málitia
55 Dicám, scientem an inprudentem, incértus sum. 660
DE. Quid si ánimam debet? GE. 'Áger oppositus pígnori
Ob décem minas est.' DE. Áge age, iam ducát: dabo.
GE. 'Aedículae item sunt ób decem alias.' DE. Oieī,
Nimiúmst. CH. Ne clama: répetito basce a mé decem.
60 GE. 'Vxóri emunda ancillulast; tum plúscula 665

V. 838 auf eine Mitgift von 2 Talenten gerechnet und Andr. V. 950 f. gar eine Mitgift von 10 Talenten versprochen.
V. 648 *filius:* die von Ritschl, Op. phil. II 683 f. nur für den Versanfang zugegebene Messung findet sich hier mitten im Verse. Richtiger nimmt man indess hier und in vielen andern Fällen für *ille* und die entsprechenden Pronomina Nebenformen des Genetivs auf *īs* (vor Vocalen) und *ī* (zunächst vor Consonanten) an; vergl. P. Langen, Quaestiunc. gramm. (Ind. lect. hib. Münster 1873) S. 5 f.; O. Ribbeck in Rh. Mus. N. F. XXIX 17; früher bereits Bücheler, Lat. Declin. S. 40; neuerdings besonders Aug. Luchs in Studemund's Stud. z. arch. Lat. I 317 ff.
V. 651 ... *aequom fuerat* im Plusquamperfectum, indem die dem *uolui* im Hauptsatze vorausgehende Erwägung der *aequitas* berücksichtigt wird. Ebenso Ad. V. 686 *Virginem uitiasti, quam te non ius fuerat tangere.*
V. 653. Sehr boshaft ist hier der Ausdruck *in seruitutem* statt *in matrimonium* gewählt.
V. 657 *ab hac* für *ab ea* gehört der Umgangssprache an und wird in der nachaugusteischen Zeit auch bei Prosaikern allgemein.
V. 659 *stultitia* und *malitia* sind

Ablative des Beweggrundes, wie sie bei den Komikern nicht selten vorkommen, Cicero aber abgesprochen werden; vergl. Reisig's Vorl. v. Haase § 391; Holtze a. O. I 141 ff.
V. 661 *Quid si animam debet?* so dass Demipho ihm Ungemessenes zahlen müsste. Donat z. d. St. vergleicht ein griechisches Sprüchwort: καὶ αὐτὴν τὴν ψυχὴν ὀφείλει. — *opponere pignori* ist der technische Ausdruck für das Verpfänden; z. B. Plaut. Pseud. V. 87 ... *etsi me opponam pignori.*
V. 662. Eine Mine ist 1/60 des Talents, hier unzweifelhaft eines Attischen T.; s. Anm. zu V. 644. — *Age age* wird nach Handii Turs. I 208 gesetzt, wo der Aufmunterung zugleich Aerger beigemischt ist. Vielmehr liegt in der Verdoppelung von *age* die Beschleunigung eines Entschlusses, welche unter Umständen die Folge von Widerwilligkeit sein kann; vergl. V. 559.
V. 663 *item sunt,* nämlich oppositae pignori. — *Oieī* ein Ausruf der Klage; vergl. Eun. V. 716 (und Bentley z. d. St.); Plaut. Mil. gl. V. 1406. Prisc. S. 1012 P. (II 73 H.).
V. 664 *repetito,* insofern zunächst Demipho das Geld an Phormio zu zahlen hat.
V. 665 *pluscula:* von den Comparativstämmen, wie sie im Nomin.

Supelléctile opus est; ópus est sumptu ad núptias:
His rébus' inquit 'póne sane décem minas.'
DE. Sescéntas proinde scríbito iam mihi dicas:
Nil do. inpuratus me ille ut etiam inrideat?
65 CH. Quaeso, égo dabo, quiésce; tu modo filius 670
Fac ut íllam ducat, nós quam uolumus. AN. Eí mihi.
Geta, óccidisti mé tuis falláciis.
CH. Mea caúsa eicitur; mé hoc est aequom amíttere.
GE. 'Quantúm potest me cértiorem' inquit 'face,
70 Si illám dant, hanc ut mittam, ne incertús siem; 675
Nam illí mihi dotem iám constituerúnt dare.'
CH. Iam accípiat: illis répudium renúntiet;
Hanc dúcat. DE. Quae quidem illi res uortát male.
CH. Oppórtune adeo argéntum nunc mecum áttuli,
75 Fructúm quem Lemni uxóris reddunt praédia. 680
Inde súmam; uxori tibi opus esse díxero.

ANTIPHO GETA
ADVLESCENS SERVOS
IVAN. Geta. GE. Ém. AN. Quid egisti? GE. Émunxi argentó senes.
4

und Accus. sing. neutr. erscheinen,
werden auf *culus, a, um* Deminutive
gebildet, welche die Bedeutung des
Comparativs haben, aber verkleinert
(im Deutschen durch 'etwas'): z. B.
plusculum Plaut. Amph. V. 282; Pers.
V. 21 (auch bei Cic. de or. II 24 §
99); *complusculos* Ter. Hec. V. 177;
maiuscula Eun. V. 527 u. a.
V. 667. S. Anhang.
V. 668 *Sescentas* richtig in den
meisten Handschriften für *sexcentas*; s. Neue a. O. II 111 und Brambach, Hülfsbuch f. lat. R. S. 60.
S. übrigens Donat z. d. St.: *Perspicere hinc licet consuetudinem
utriusque sermonis; nam Apollodorus μυρίας dixit pro . . multis'*
q. s. — Ueber die concessive Bedeutung des Imperat. fut. (*scribito*)
s. Loch, Imperat. bei Plaut. S. 12 f.;
über *proinde* (bez. *proin*) s. ebenfalls Loch a. O. S. 18.
V. 669 *ut . . inrideat?* vergl. V.
304 u. Anm.
V. 670 f. Ueber die Stellung des
Wortes *filius* vor *ut* s. V. 261 u. Anm.
V. 673 *eicitur*, nämlich Phanium.
V. 674 *Quantum* erhält durch
den Zusammenhang seine Beziehung
auf die Schnelligkeit; *potest* im
Sinne von *fieri potest*. Vergl. V. 896.
Plaut. Most. V. 758 *Dare uolt uxorem filio quantum potest*; Trin. V.

765 *Homo conducatur aliquis iam
quantum potest.*
V. 676 *illi* und V. 677 *illis* geht auf
die bereits Verlobte und ihre Verwandten. — *dotem dare:* dies pflegte
kurz vor der Hochzeit zu geschehn.
V. 677 *repudium renuntiare*, die
Verlobung auflösen (sonst auch
sponsalia dissoluere). V. 928 f.
Cum . . . repudium alterae Remiserim und ebenso Plaut. Aul. IV
10 V. 53 *Is me nunc renuntiare
repudium iussit tibi;* V. 69 *Ea re
repudium remisit* u. s. w. Durch
re in *renuntio* und *remitto* wird
die in *repudium* bereits liegende
Bezeichnung der Auflösung eines
Verhältnisses wiederholt.
V. 678. Die sonst beim Abschluss
eines Geschäftes gewöhnliche Segnungsformel *'Quae res . . . bene
uortat!'* wird hier von dem ergrimmten Demipho umgekehrt. Vergl. Ad.
V. 191 . . *quae res tibi uortat male*.
V. 681. Nach diesem Verse treten
die Alten in das Haus des Chremes.
Den Antipho, welcher V. 606 aus
dem elterlichen Hause (in der Mitte
der Bühne) getreten war, bemerken
sie daher nicht. Derselbe nähert
sich alsdann Geta. — *dixero* s.
Anm. zu V. 308.
V. 682 *Emunxi argento senes:
emungere* (ἀπομύττειν), ausschneu-

AN. Satine ést id? GE. Nescio hércle, tantum iússus sum.
AN. Eho, uérbero, aliud míhi respondes ác rogo?
GE. Quid érgo narras? AN. Quíd ego narrem? operá tua   685
Ad réstim mi quidem rés redit planíssume.
Vt té quidem di deaeque ómnes, superi *atque* ínferi,
Malís exemplis pérdant! em, siquid uelis,
Huic mándes, qui te ad scópulum e tranquillo aúferat.
Quid minus utibile fuit quam hoc ulcus tángcre   690
Aut nóminare uxórem? iniectast spés patri
Posse illam extrudi. cédo nunc porro: Phórmio
Dotém si accipiet, úxor ducendást domum,
Quid fiet? GE. Non enim dúcet. AN. Noui. céterum
Quom argéntum repetent, nóstra causa scilicet   695
In néruom potius íbit. GE. Nil est, Ántipho,
Quin mále narrando póssit deprauárier.
Tu id quód bonist excérpis, dicis quód malist.
Audi nunc contra: iám si argentum accéperit,
Ducéndast uxor, út ais (concedó tibi),   700
Spatiúm quidem tandem ádparandi núptias,

zen, ist ein in der Sprache der Komiker sehr gebräuchlicher trivialer Ausdruck für Ausbeuteln, Prellen. Vergl. Hor. A. P. V. 238 *Pythias emuncto lucrata Simone talentum.*
V. 683. Antipho will mit seiner Frage dem Geta den Vorwurf machen, dass er mit dem Prellen der Alten zugleich seine (Antiphos) Sache zu Grunde gerichtet habe. Geta versteht die Worte absichtlich falsch, als ob jener wissen wollte, ob das den Alten abgeschwindelte Geld ausreiche. — *tantum*, nämlich *emungendo conficere.*
V. 685 *narrare* in dem Sinne von *dicere* mit geringschätzender Nebenbedeutung gebraucht wie V. 401 u. sonst.
V. 686 *Ad restim . . . res redit:* Antipho meint, ihm bleibe nichts übrig als sich zu erhängen. Gleiche oder ähnliche Wendungen der Verzweiflung s. bei Westerhof z. d. St.
V. 688 *Malis exemplis:* durch schlimme Strafen, die als Beispiele zur Warnung dienen können (s. Nägelsbach, Lat. Stil. S. 36 f.). Vergl. Eun. V. 946 . . . *Quae futura exempla dicunt in illum indigna;* cb. V. 948. 1022.
V. 690. Das gleich *uincibilis* (V.

226) u. a. mit der volleren Ableitungsendung gebildete *utibilis* findet sich bei Plautus häufig, bei Terenz nur hier. — *ulcus tangere* sprichwörtlich (s. Donat): die Berührung des Geschwürs bereitet Schmerz und hält die Heilung auf.
V. 693 *uxor ducendast domum* ist Bedingungssatz gleich dem Vorausgehenden (vergl. V. 699 ff.). In der Parallelisirung von *accipiet* mit *ducendast* zeigt sich die Neigung des Gerundivs zur Futurbedeutung. Minder angemessen scheint es *Ducendast uxor* als Nachsatz und *Quid fiet?* als weiteren Hauptsatz zu fassen.
V. 695 f. *nostra causa* q. s.: *potius* weist darauf hin, dass Jemand (hier Phormio) die Wahl hat (zwischen Antiphos und Phaedrias Sache). Phormio wird, so fürchtet Antipho, wenn die Alten das — dann nicht mehr in seinem Besitz befindliche — Geld zurückverlangen, lieber die Sache des Antipho in die Brüche gehn (zu *in neruom ire* vergl. V. 325 u. Anm.), d. h. die Phanium aus dem Hause stossen lassen.
V. 701 f. *Spatium . . . . adparandi nuptias . . dabitur;* vergl. Hec. V. 684 *Quam longum spatium amandi amicam tibi dedi!*

Vocándi, sacruflcándi dabitur paúlulum.
Intérea amici quód polliciti súnt dabunt:
Inde íste reddet. AN. Quam óbrem? aut quid dicét? GE.
Rogas?
'Quod rés postilla mónstra euenerúnt mihi! 705
Intro iit in aedis áter alienús canis;
Anguis *in* inpluuium décidit de tégulis;
Gallina cecinit; interdixit háriolus;
Harispex uetuit; ánte brumam autém noui
Negóti incipere *   *   *   *
 *   *   * quaé causast iustissuma.' 710
Haec fient. AN. Vt modo fiant! GE. Fient; mé uide.
Pater éxit: abi, dic ésse argentum Phaédriae.

V. 702 *sacruficandi:* vergl. Ad.
V. 699 *Abi domum ac deos conprecare, ut uxorem accersas.* — *paululum* hier Adiectiv, wie *paulum* (*quiddam,* bez. *aliquid*) Eun. V. 866. Ad. V. 980 und Plaut. Bacch. V. 865 *paulula pecunia.* Häufig steht *paululum* substantivirt mit nachfolgendem Genetiv (Andr. V. 360 *Paululum opsoni;* Eun. V. 281; Hec. V. 506).
V. 705 Quod — quot (s. V. 159 u. Anm.). — *monstra,* Mahnzeichen, steht hier in ursprünglicher Bedeutung. Festus ap. Laetum (S. 138 M.): *Monstrum, ut Aelius Stilo interpretatur, a monendo dictum est, uelut monestrum. Item Sinnius Capito, quod monstret futurum et moneat uoluntatem deorum* (vergl. Paul. Diac. eb. S. 140). Ueber die Dinge, welche abergläubische Menschen zu schrecken pflegten, s. Theophr. Char. c. 16 Dübn. περὶ δεισιδαιμονίας.
V. 707 *inpluuium* ist der unbedeckte Raum im Innern des römischen Hauses, welcher rings mit bedeckten Hallen umgeben war und zu welchem hin meist das Dach auf allen Seiten abfiel (s. Becker-Marquardt, R. A. V 1 S. 243). — *tegulae,* die Ziegeln und häufig das ganze Dach (s. Rhein. Mus. N. F. XXIV S. 579).
V. 708 *Gallina cecinit:* die Bedeutung dieses *omen* erklärt Donat: *Obseruatum est, in qua domo gallina canat, superstitem* (so die alten Ausgaben für *superiorem) marito esse uxorem.* — *interdixit ha-*

riolus; Harispex uetuit. Es war Sitte des Alterthums bei allen wichtigen Anlässen auch des Privatlebens den Willen der Götter durch Zurathezichung von *harioli* und *haruspices* zu erforschen (s. K. Fr. Hermann, Gr. Ant.² III § 50 Anm. 18; Becker-Marquardt, Röm. Alt. V 1 S. 45 f.).
V. 709 *Harispex,* wie Cod. A hat, ist, obgleich neben *haruspex* eine jüngere Bildung, gerade aus der ältern Zeit überliefert, während die zweite Form auf nachaugusteischen Inschriften vorkommt; s. Corpus Inscr. L. I S. 581; Brambach, Lat. Orth. S. 123. — *ante brumam* q. s. '*Quod ante brumam dies decrescere incipiant*' (Donat). Uebrigens scheint aus dieser Stelle hervorzugehn, dass das griechische Original für eine Aufführung nicht allzu lange vor der Wintersonnenwende, also wohl für die ländlichen Dionysien (s. Aug. Mommsen, Heortol. S. 323 ff.) geschrieben war.
V. 710. Nach *incipere* sind, wie Fleckeisen richtig erkannt hat, zwei Halbverse ausgefallen, in denen wenigstens die vorausgehende Construction zu Ende geführt war. — *causa,* nämlich die Hochzeit zu verschieben.
V. 711 *me uide,* eine Formel um Zuversicht zu erwecken; vergl. Andr. V. 350 *Atque istuc ipsum nil periclist: me uide.* Der Redende verweist den Zaghaften auf die Zuversichtlichkeit seines Blickes und seiner Haltung.
V. 712. Demipho und Chremes

DEMIPHO CHREMES GETA
SENES II   SERVOS

IV DE. Quiétus esto, inquam; égo curabo néquid uerborúm duit.
Hoc témere numquam amittam ego a me, quin mihi testis
ádhibeam:
Quoi dem ét quam obrem dem, cómmemorabo. GE. Vt caútus est, ubi nil opust. 715
CH. Atque íta opus factost; ét matura, dúm lubido eadem haéc
manet;
Nam si áltera illaec mágis instabit, fórsitan nos reiciat.
GE. Rem ipsám putasti. DE. Dúc me ad eum ergo. GE. Nón
moror. CH. Vbi hoc égeris,
Transito ad uxorém meam, ut conuéniat hanc prius quam
hinc abit.
Dicát eam dare nos Phórmioni núptum, ne suscénseat; 720
Et mágis esse illum ídoneum, qui ipsi sit familiárior;
Nos nóstro officio nón digressos ésse; quantum is uóluerit
Datum ésse dotis. DE. Quid tua malum id réfert? CH. Magni, Démipho.
Non sátis est tuom te officium fecisse, íd si non fama ádprobat:
Volo ipsius [quoque] haec uoluntáte fieri, né se eiectam praédicet. 725
DE. Idem égo istuc facere póssum. CH. Mulier múlieri magis
cónuenit.
DE. Rogábo. CH. Vbi illas núnc ego reperíre possim, cógito.

---

treten wieder aus dem Hause des Letzteren. Antipho geht, ohne bemerkt zu werden, nach der andern Seite ab zu Phaedria, d. h. nach dem Forum hin (s. Anm. zu V. 566).
V. 713 *uerba dare alicui* (im Gegensatz zu *rem d.*) ist eine im *sermo familiaris* sehr gewöhnliche Wendung für Flunkern; negativ z. B. auch Eun. V. 24 *(... fabulam) Dedisse et nil dedisse uerborum tamen.*
V. 714 *Hoc* geht auf das Geld, welches er in einem Beutel hält.
V. 715 *ubi nil opust*, insofern Phormio gar nicht mit dem Gelde durchgehn will (s. V. 703 f. 887) und das was damit erreicht werden soll, durch jene Vorsichtsmassregeln doch nicht durchgesetzt werden kann.
V. 718 *Rem ipsam putasti* sagt Geta mit ironischem Doppelsinn. — *putare* hier 'erwägen' wie Ad. V.

796 *Rem ipsam putemus;* vergl. Eun. V. 632; Heaut. V. 485. Da Geta von den Alten vor Kurzem erst (nach V. 681) vor dem Hause zurückgelassen worden, braucht er nicht besonders ins Gespräch eingeführt zu werden.
V. 719 *hanc*, nämlich Phanium.
V. 721 *qui ipsi sit familiarior*, ein Relativsatz des Grundes.
V. 723 *malum* ein sehr häufiger parenthetischer Accusativ des Ausrufs ('zum Henker'); vergl. V. 948 *Quid uos malum ergo me sic ludificamini?* und Donat zu Eun. V. 780.
V. 727 *illas*, nämlich Frau und Tochter. — Nach der Zusage *Rogabo* geht Demipho nach der Seite des Forum hin ab; Chremes bleibt nachsinnend zurück. Zu ihm tritt Sophrona aus dem Hause des Demipho (s. V. 732).

SOPHRONA   CHREMES
NVTRIX   SENEX

IV So. Quid agam? quem mi amicum inueniam misera? aut quo con-
6   silia haec referam?
    Aút unde auxiliúm petam?
    Nám uereor, era ne ob meum suasum indígna iniuria ád-
        ficiatur: 730
    Íta patrem adulescéntis facta haec tólerare audió uiolenter.
5 CH. Nám quae haec anus est, éxanimata a frátre quae egressást
        meo?
  So. Quod ut fácerem egestas me ínpulit, quom scirem infirmas
        núptias
    Hasce ésse, ut id consúlerem, interea uita ut in tutó foret.
  CH. Cérte edepol, nisi me ánimus fallit aút parum prospíciunt
        oculi,   735
    Meaé nutricem gnátae uideo. . So. Néque ille inuestigátur,
                                 CH. Quid ago?
10 So. Qui ést pater eius. CH. Ádeo, maneo, dum haéc quae loqui-
        tur mágis cognosco?
   So. Quód si eum nunc reperire possim, níhil est quod uereár. CH.
                                                           East ipsa:
    Cónloquar. So. Quis hic lóquitur? CH. Sophrona. So. Ét
                                         meum nomen nóminat?
  CH. Réspice ad me. So. Di óbsecro uos, éstne hic Stilpo? CH.
                                             Nón. So. Negas?   740
  CH. Cóncede hinc a fóribus paulum istórsum sodes, Sóphrona.
15   Ne me istoc posthac nómine appellássis. So. Quid? non ób-
                                                          secro es
    Quem sémper te esse dictitasti? CH. St'. So. Quid has me-
                                                    tuis foris?

V. 728 *consilia haec*, die Massregeln, welche getroffen worden
sind, um die Heirath des Antipho
und der Phanium zu ermöglichen.
    V. 731 *Ita* hängt von *tolerare* ab
und wird durch *uiolenter* nachträglich näher bestimmt.
    V. 732 *nam quis* u. s. w. in der
Umgangssprache häufig für *quisnam*
u. s. w.; s. Handii Turs. IV 18 ff.
Holtze a. O. II 362 f.
    V. 733 *Quod* bezieht sich auf das
V. 730 durch *ob meum suasum* Angedeutete. — *quom scirem:* über
den Coniunctiv bei concessivem
quom s. Anm. zu V. 22 f.; hier tritt
die indirecte Rede hinzu.
    V. 740 *Respice*, weil Chremes
im Hintergrunde der Bühne (nahe

seinem Hause) steht, Sophrona aber
mehr im Vordergrunde vor dem
Hause des Demipho. Auf die Anrede des Chremes hin eilt sie auf
diesen zu.
    V. 741 *istorsum:* nach dem Hause
des Demipho, von wo Sophrona gekommen ist.
    V. 742 *appellassis* s. Anm. zu
V. 308. 'Diese Form des Coniunctivs
perf. wird in Gebeten, Wünschen,
Aufforderungen und Abmahnungen,
in der Angabe eines Zweckes und
einer Besorgniss, und mit potentialer
Bedeutung, nicht aber in dem reinen
Ausdruck des Geschehenen gebraucht' (s. Neue a. O. II 428 f.).
    V. 743. Die Schweigen gebietende
Interiection *St* hat prosodisch den

CH. Conclúsam hic habeo uxórem saeuam. uérum istoc me nó-
mine
Eo pérperam olim dixi, ne uos fórte inprudentés foris 745
Effútiretis átque id porro aliqua úxor mea resciscerel.
So. Istóc pol nos te hic inuenire miserae numquam pótuimus.
CH. Eho dic mihi, quid rei tibist cum fámilia hac unde éxis?
Vbi illaé sunt? So. Miseram me. CH. Ém, quid est? uiuóntne?
So. Viuit gnáta.
Matrem ipsam ex aegritúdine hac miserám mors consecútast. 750
CH. Male fáctum. So. Ego autem, quae éssem anus desérta egens
ignóta,
25 Vt pótui nuptum uírginem locáui huic adulescénti,
Harúm qui est dominus aédium. CH. Antiphónin? So. Em,
istic ipsi.
CH. Quid? duásne is uxorés habet? So. Au, [obsecro] únam ille
quidem hanc sólam.
CH. Quid illam álteram quae dicitur cognáta? So. Haec ergost.
CH. Quid ais? 755
So. Compósito factumst, quó modo hanc amáns habere pósset
30 Sine dóte. CH. Di uostrám fidem, quam saépe forte témere
Euéniunt quae non aúdeas optáre! offendi aduéniens
Quocúm uolebam et út uolebam cónlocatam *gnátam*.
Quod nós ambo opere máxumo dabámus operam ut fieret, 760
Sine nóstra cura, máxuma sua cúra hic solus fécit.

Werth einer vollen (langen) Silbe.
Chremes deutet übrigens zugleich
voll Furcht auf sein Haus.
V. 746. In *effutire* liegt der Begriff des Leichten (s. Hor. a. p. V.
231 *Effutire leues indigna tragoedia uersus*) und daher des Unbesonnenen ('ausplaudern').
V. 747 *Istoc* (und *isto*) wird von
den Komikern gleich *eo* in causalem
Sinne gebraucht (s. Handii Turs. III
465). — Aus dem Mangel jedes Erstaunens über die Erwähnung der
uxor in V. 744 ist zu schliessen,
dass der Dichter annahm, Chremes
habe in Lemnos aus seiner athenischen Ehe kein Geheimniss gemacht.
V. 748 *mihi* ist einer der wenigen
handschriftlich gesicherten Fälle bei
Terenz, in denen der Dativ sing.
des Personalpronomens mit langer
Endsilbe vorkommt. Durch die Aenderung von *dic* in *dice* würde diese
Länge wegfallen und der Rhythmus
gewinnen. Auch Ritschl scheint
Trin.² Index durch ein zu *mihī* und
tibī gesetztes Fragezeichen das Vor-
kommen der langen Endsilbe wenigstens für die Senare in Zweifel
zu ziehen. — *quid rei tibist* vergl.
z. B. V. 171. 421.
V. 749 *illae*, Frau und Tochter.
V. 751. In der bedauernden Wendung *Male factum* und in der freudigen *Bene factum* (z. B. V. 883)
bleibt ganz regelmässig ebenso wie
in der bestätigenden *Factum* die
Copula *est* weg (s. Anm. zu V. 624).
— *quae essem* Relativsatz des
Grundes.
V. 752 *Vt potui*, modal, nicht
temporal.
V. 756 *Composito*, wofür in späterer Prosa *ex c.* oder *de c.* üblich
ist. — *quo modo ... posset* Relativsatz der Absicht.
V. 759 *et ut uolebam*, da Antipho
die Phanium wirklich liebte.
V. 760 *nos ambo*, der Redende
und sein Bruder.
V. 761 *hic solus*, nämlich Antipho,
auf den bereits V. 759 die Hauptaufmerksamkeit gerichtet wurde.
S. Anhang.

35 So. Nunc quid opus facto sit uide: pater ádulescentis uénit
Eumque ánimo iniquo hoc óppido ferre áiunt. CH. Nil periclist.
Sed pér deos atque hominés meam esse hanc cáue resciscat
quisquam.
So. Nemo é me scibit. CH. Séquere me: intus cétera audiétis. 765

ACTVS V

DEMIPHO GETA
SENEX   SERVOS

V DE. Nostrápte culpa fácimus ut malís expediat ésse,
1   Dum nimium dici nós bonos studémus et benignos.
    Ita fúgias ne praetér casam, quod áiunt. nonne id sát erat,
    Accipere ab illo iniúriam? etiam argéntumst ultro obiéctum,
5   Vt sit qui uiuat, dum áliud aliquid flágiti conficiat.   770
GE. Planíssume. DE. Eis nunc praémiumst, qui récta praua fáciunt.
GE. Veríssume. DE. Vt stultíssume quidem illí rem gesserímus.
GE. Modo ut hóc consilio póssiet discédi, ut istam dúcat.

V. 764 s. Anhang.
V. 765 *e me scibit* nach Cod. A; die andern Handschriften haben *ex me*. Gerade in jener Wendung (mit *scire*) scheint aus Wohllautsgründen die kürzere Form der Praeposition im täglichen Verkehr gebräuchlich gewesen zu sein; wenigstens steht auch Heaut. V. 411 *e me ut sciat* nach Cod. A (erst ein jüngerer Corrector fügte *x* zu) dem *ex me ut sc.* der andern Handschriften gegenüber, und auch Plaut. Most. V. 745 heisst es: *E me ... nil sciet.* Dagegen hat Terenz Hec. V. 765 ... *ex me audias* und Ad. V. 862 *ex me ... facilest noscere.* — *audietis*, nämlich Sophrona und Phanium, welche Letztere auch über den Sachverhalt aufgeklärt werden musste und es auch wirklich wurde (vergl. V. 866 *cum illis*). S. Anhang. — Nach V. 765 gehn Beide ins Haus des Demipho zu Phanium.
V. 766. Demipho, der inzwischen sein Geschäft mit Phormio abgemacht hat, kehrt mit Geta vom Forum zurück. — *malis expediat esse:* diese sowie die abweichende Construction Heaut. V. 388 *expedit bonas esse uobis* lassen sich nach Analogie häufiger ähnlicher Wendungen im Griechischen erklären; s. Krüger, Gr. Gr. § 55, 2 A. 6 u. 7.
V. 768 *Ita fugias, ne praeter casam*, nämlich *fugias*: Wer einer Gefahr durch Flucht sich zu entziehen sucht, soll zusehen, dass er nicht aus Uebereilung an seiner Behausung als dem sichersten Ort vorbeifliehe und so den etwaigen Verfolgern um so gewisser anheimfalle, diesen sogar die Behausung selbst überlasse. Das Sprichwort ist vielleicht einem verbreiteten Kinderspiele entlehnt.
V. 770 *aliud aliquid* mit pleonastischer Wiederholung von *ali*, nach Donat z. d. St. 'uetuste' (dictum).
V. 771 *recta* ist Adverb.
V. 772 *illi* adverbial (s. V. 91 u. Anm.), hier — *in illa re* (dortbei); vergl. Holtze a. O. I 73. — *rem gerere* thätig sein, sich benehmen. — *Gesserimus* mit langer Paenultima, wie überhaupt die *i* der Endung im Perf. coni. ursprünglich lang gewesen ist und wiederholt in der 2. Pers. sing. und 1. (und 2.) Pers. plur. so gebraucht wird (s. Neue a. O. II 396 f.).
V. 773 *hoc consilio* bezieht sich

DE. Etiámne id dubiumst? GE. Haúd scio hercle, ut homóst, an
mutet ánimum.
10 DE. Em, mútet autem? GE. Néscio; uerúm, si forte, dico. 775
DE. Ita fáciam, ut frater cénsuit, ut uxórem eius huc addúcam,
Cum ista út loquatur. tú, Geta, abi prae, núntia hanc uen-
túram. —
GE. Argéntum inuentumst Phaédriae; de iúrgio silétur;
Prouísumst, ne in praeséntia haec hinc ábeat: quid nunc pórro?
15 Quid fiet? in eodém luto haesilás: uorsuram sólues, 780
Geta; praésens quod fuerát malum in diem ábiit; plagae
créscunt,
Nisi próspicis. nunc hinc domum ibo ac Phánium edocébo,
Nequid uereatur Phórmionem aut *huius* oratiónem.

DEMIPHO NAVSISTRATA
SENEX MVLIER

V DE. Age dum, út soles, Nausistrata, fac illa út placetur nóbis,
2

auf die mit Phormlo getroffene Abmachung und wird durch *ut istam
ducat* erläutert. — *possiet* in der
Form entsprechend dem *siem* u. s. w.;
eine Zusammenstellung der Beispiele
aus Plautus und Terenz bei Neue
a. O. II 467 f. — Durch die Bedenken, welche Geta äussert, will
er schon das spätere Verhalten
Phormios vorbereiten. — *discedere*
von den Parteien, welche in einer
Streitsache eine Vereinbarung getroffen oder einen richterlichen Ent-
scheid erhalten haben (s. Andr. V.
148; Ph. V. 1047).
V. 776. Ueber *uxorem* vergl.
Einl. S. 26.
V. 777 *abi prae, nuntia,* wie sehr
häufig einfaches *i* oder *abi* asynde-
tisch zur Einleitung eines weiteren
Befehls dient (vergl. V. 445, 712.
994; über *i* s. Loch a. O. S. 25 f.).
Andr. V. 171 und Eun. V. 908 *I prae,
sequor*; Eun. V. 499 *Abi prae, cura*
u. s. w; Ad. V. 167 *Abi prae stre-
nue ac fores aperi.*
Nach V. 777 geht Demipho ins
Haus des Chremes ab, um die Nausistrata zu holen; Geta spricht, indem er in Demiphos Haus tritt, noch
einige Verse, welche nicht die Bedeutung einer selbständigen Scene
beanspruchen können.
V. 778 *de iurgio siletur:* gemeint
ist der Vorwurf, den Antipho und

Geta eigentlich wegen der Heirath
zu erwarten hatten.
V. 780 *uorsuram solues:* den
'Wechsel', die Anleihe wirst du bezahlen (oder phraseologisch: bezahlen müssen). Geta hat die erste
Schuld, bezüglich der Heirath des
Antipho, durch einen natürlich höher
lautenden Wechsel gedeckt, indem
er durch eine zweite List dem Alten
Aussicht auf Beseitigung der Phanium
machte. Dadurch wurde sein Conto
beim Alten erhöht, das er, sobald
das Trügerische jener Aussicht kund
ward, einlösen, d. h. doppelte
Schläge aushalten musste. S. Anhang.
V. 781 *praesens malum*, das Aus-
brechen des Unwillens von Seiten
des Demipho wegen Antiphos Heirath. — *in diem* für kurze Zeit;
vergl. Eun. V. 1020 *Sed in diem
istuc Parmenost fortasse, quod
minare;* Cic. de or. II 40 § 169 *Si
barbarorum est in diem uiuere
q. s.*
V. 783 *huius* (die Codd. haben
das missverständliche *eius*) weist
auf *Nausistrata* hin, welche gleichzeitig aus ihrem Hause tritt. —
Geta eilt in das Haus des Demipho,
Demipho begleitet die Nausistrata.
V. 784 *ut soles* schmeichlerisch,
während Nausistrata im Benehmen
gegen ihren Mann einen heftigen,
zänkischen Sinn zeigt.

Terentius, Phormio. 6

Vt suá uoluntate id quod est faciúndum faciat. NA. Fáciam. 785
DE. Paritér nunc opera me ádiuues, ac ré dudum opituláta es.
NA. Factúm uolo; at pol mínus queo uiri cúlpa, quam me dignumst,
DE. Quid aútem? NA. Quia pol mei patris bene párta indiligénter
Tutátur; nam ex eis praédiis talénta argenti bina
Statim capiebat. uir uiro quid praéstat! DE. Binan quaéso? 790
NA. Ac rébus uilióribus multó talenta bina. DE. Hui.
NA. Quid baéc uidentur? DE. Scílicet. NA. Virúm me natum
uéllem:
Ego osténderem, DE. Certó scio. NA. quo pácto .. DE.
Parce sódes,
Vt póssis cum illa, né te adulescens múlier defetiget.
NA. Faciam út iubes. sed meúm uirum abs te exire uideo.

NAVSISTRATA   CHREMES   DEMIPHO
MVLIER   SENES II

V
3 Iam illi datumst argéntum?   CH. Ehem, Démipho,   795
DE. Curaui ilico.   CH. Nollém datum.
Ei, uideo uxorem.   paéne plus quam sát erat.   DE. Quor
nollés, Chremes?

V. 786 *re dudum opitulata es* bezieht sich zunächst auf Fälle wie V. 681, dient aber mit dem Folgenden auch im Allgemeinen zur Charakteristik des Verhältnisses zwischen Demipho und seiner Schwägerin. So wird der grosse Einfluss motivirt, den jener in Act V Sc. 9 auf diese ausübt. — *dudum* in der älteren Latinität von einer nicht viel früheren Zeit (ohnlängst); s. Handii Turs. II 299 ff.
V. 787 *dignumst (= decet)* ist formelhaft; vergl. V. 402; Ifcaut. V. 107 f. u. s. — Ueber *at* s. Anhang.
V. 788 *bene parta* substantivisch gleich *bene facta, male facta, benedictis* V. 20 u. a. Participial steht es Trin. V. 643 *Vt uirtute eorum anteperta per flagitium perderes;* vergl. Truc. I 1, 42 *Vt ne anteparta demus postpartoribus.*
V. 789 *talenta argenti* s. Anm. zu V. 644.
V. 790 *statim* sogleich im Anfang; nicht, wie Donat erklärt, *'perpetuo, aequaliter et quasi uno statu'.* — *capiebat,* der Vater der Nausistrata.
V. 791 *rebus uilioribus multo:*

die bei den lateinischen Komikern noch in der Entwickelung begriffene Construction des sogen. *ablat. absol.* enthält bei ihnen stets eine temporale Bestimmung, doch so dass zuweilen der Zusammenhang eine causale oder, wie hier, eine concessive Beziehung ergibt; vergl. z. B. Plaut. Mil. gl. V. 321 *Mirumst lolio uictitare te tam uili tritico.*
V. 792 *Scilicet:* Demipho, der ja weiss, was Chremes auf Lemnos mit einem Theile der Einnahmen angefangen, begnügt sich, mit einem vieldeutigen 'Natürlich' der Nausistrata zuzustimmen.
V. 793 *quo pacto ..*: zu ergänzen ist etwa *bene parta tutanda essent.*
— *parce* (halt ein) absolut; bei Plaut. Pers. V. 682 ausführlicher *Tace, parce uoci.*
V. 794 *cum illa,* nämlich *loqui.* Ueber die Ellipse s. Anm. zu V. 80.
V. 795. Chremes, der aus dem Hause des Demipho von seiner Tochter zurückkommt, sieht zuerst die mehr im Hintergrunde stehende Nausistrata nicht.
V. 797 *paene plus* u. s. w. wieder mit der Ellipse eines *uerbum di-*

15 CH. Iam récte. DE. Quid tu? ecquid locutu's cum istac, quam
ob rem hanc dúcimus?
CH. Transégi. DE. Quid aït tándem? CH. Abduci nón potest.
DE. Qui nón potest?
CH. Quia utérque utrique est córdi. DE. Quid istuc nóstra? CH.
Magni; praéterhac 800
Cognátam comperi ésse nobis. DE. Quid? deliras. CH. Sic
erit:
Non témere dico; rédii mecum in mémoriam. DE. Satin
sánus es?
20 NA. Au óbsecro, uide ne in cognatam pécces. DE. Non est. CH.
Né nega:
Patris nómen aliud dictumst; hoc tu errásti. DE. Non norát
patrem?
CH. Norát. DE. Quor aliud díxit? CH. Numquamne hódie con-
cedés mihi 805
Neque intélleges? DA. Si tú nil narras? CII. Pérdis. NA.
Miror quid siet.
DE. Equidem hércle nescio. CH. Vin scire? at íta me seruet
Iúppiter,
25 Vt própior illi, quam égo sum ac tu, homo némost. DE. Di
uostrám fidem,

---

cendi. — sat est (im Comparativ
satius est) es ist genügend, dien-
lich, gut; vergl. Ad. V. 834 *Atten-
tiores sumus ad rem omnes quam
sat est.*
V. 798 *istac* geht auf Phanium,
hanc auf Nausistrata.
V. 800 *praeterhac*, eine dem *praeterea* genau entsprechende Adver-
bialform (s. Anm. zu V. 347), welche
sich bei Plautus wiederholt findet.
V. 801 *Sic erit*, wenn wir genauer nachforschen werden.
V. 802 *redire* wird vielfach phraseologisch gebraucht (s. z. B. V.
1029 *Redeat sane in gratiam*). In
memoriam redire, sich erinnern,
auch bei Plaut. Capt. V. 1022 *Nunc
demum in memoriam redeo, quom
mecum recogito;* Clc. Cat. m. 7 § 21
... in memoriam redeo mortuorum.
Das beigefügte *mecum* hebt das
Spontane des Sicherinnerns noch
hervor, wobei die Construction von
recogito u. ähnl. zu vergleichen ist.
V. 803 *Non est*, nämlich *cognata*.
— *Ne nega:* für die 2. Person wird
ein Verbot bei den älteren Schriftstellern neben der gewöhnlichen

Ausdrucksweise (Coni. perf. mit *ne*
und den Umschreibungen) auch sehr
gewöhnlich durch den Imper. praes.
mit *ne* gegeben; ein Gebrauch,
welcher der classischen Sprache im
Ganzen fremd ist. Ausserdem kommt
auch der Coni. praes. mit *ne*, selten
mit *non* und *neque* vor. Der Imperat. fut. kommt negirt nur in Gesetzen und ähnlichen Wendungen
vor. In der 3. Person wird ein
Verbot ausser bei Gesetzen regelmässig durch den Coni. praes. mit
ne gegeben. S. hierüber Loch a. 0.
S. 20 f.
V. 804 *hoc* ist Accusativ; vergl.
Andr. V. 498 *Teneo quid erret.*
V. 806 *Perdis*, eine formelhafte
Wendung grosser Ungeduld, wie
Heaut. V. 582 *Perdis hercle*, was
im Cod. A vom alten Scholiasten
durch *occidis* erklärt wird. Vergl.
Phor. V. 356 *Enicas*. S. Anhang.
V. 807 *at* ist insofern am Platze,
als die vorausgehende Frage bei
Demipho einen Zweifel an dem vor-
aussetzt, was Chremes versichert.
V. 808 *homo nemo:* vergl. V. 591
u. Anm.

6*

Eámus ad ipsam; una ómnis nos aut scire aut nescire hóc
    uolo. CH. Ah.
DE. Quid ést? CH. Itan paruam mihi fidem esse apúd te! DE.
    Vin me créderc? 810
Vin sátis quaesitum mihi istuc esse? age, fiat. quid? illa fília
Amíci nostri quid futurumst? CH. Récte. DE. Hanc igitur
    mittimus?
30 CH. Quid ni? DE. Illa maneat? CH. Sic. DE. Ire igitur tibi
    licet, Nausístrata.
NA. Sic pól commodius ésse in omnis árbitror, quam ut coéperas,
Manére hanc; nam perliberalis uísast, quom uidí, mihi. — 815
DE. Quid istúc negotist? CH. Iámne operuit óstium? DE. Iam.
    CH. O Iúppiter,
Di nós respiciunt: gnátam inueni núptam cum tuo filio. DE. Em,
35 Quo pácto potuit? CH. Nón satis tutus ést ad narrandum
    híc locus.
DE. At tu intro abi. CH. Heus, ne fílii quidem hoc nóstri re-
    sciscánt uolo.

ANTIPHO
ADVLESCENS

V Laetús sum, ut meae res sése habent, fratri óptigisse quód
4   uolt. 820
Quam scitumst, eius modi parare in ánimo cupiditátes,
Quas, quóm res aduorsaé sient, pauló mederi póssis!
Ilic símul argentum répperit, curá sese expediuit;

V. 811 *Vin satis quaesitum mihi istuc esse?* Wir sagen besser negativ: Du willst, dass ich nicht weiter fragen soll? — *illa filia* ist Ablativ; vergl. V. 137 u. Anm.
V. 813 *Sic*, vollständiger *Sic est* oder *Sic res est*, ist eine der vielen Bejahungsformeln der Umgangssprache; s. V. 316; Heaut. V. 167.
V. 815. Nausistrata kehrt nach diesem Verse in ihr Haus zurück. — Ueber die Fortsetzung der Scene vergl. das zu V. 777 Bemerkte.
V. 817 *Di nos respiciunt (*oder *adiuuant)* Ausdruck der Freude über ein unerwartetes Glück. Vergl. V. 854 ... *ab dis solus diligere, Antipho;* Andr. V. 642 ... *nisi quid di respiciunt;* Hec. V. 772 ... *neque has respicere deos opinor.*
V. 818 *potuit* absolut und unpersönlich; vergl. Andr. V. 327 *Sed si id non potest* u. s. w. sowie die häufige Wendung *quantum potest*

(s. Anm. zu V. 674), *si quid potest* (V. 227) und Aehnliches.
V. 819 *Heus*, ein Zuruf um sich bemerklich zn machen (vergl. V. 847. 1037); Demipho geht nämlich voraus in seine Wohnung ab (s. V. 879). Bald darauf erscheint Antipho von der Forumseite her (vergl. Anm. zu V. 712).
V. 820 *ut .... habent:* nach der Lage meiner Angelegenheiten bin ich froh u. s. w. Antiphos Sache ist nicht besser und nicht schlechter geworden durch Phaedrias Erfolg; er kann sich also darüber freuen.
V. 821 *scitus* 'hübsch'; vergl. z. B. Andr. V. 486 *Per ecastor scitus puer est natus Pamphilo.*
V. 822. Der Accusativ bei *mederi* gehört der Umgangssprache an; Andr. V. 831 und 944 findet sich bei *medicari* der Dativ(einer Person). — *sient:* der Modus ist, wie sehr oft, attrahirt vom Modus des regierenden

5 Ego núllo possum rémedio me euóluere ex his túrbis,
Quin, si hóc celetur, in metu, sin pátefit, in probró sim.
Neque mé domum nunc réciperem, ni mi ésset spes osténta
Huiúsce habendae. séd ubi nam Getam inuenire póssim?
[Vt rogem, quod tempus conueniundi patris me capere suadeat.]

PHORMIO   ANTIPHO
PARASITVS   ADVLESCENS

V PH. Argéntum accepi, trádidi lenóni; abduxi múlierem,
5 Curáui propria ut Phaédria poterétur; nam emissást manu.
Nunc úna mihi res étiam restat quae ést conficiunda, ótium
Ab sénibus ad potándum ut habeam; nam áliquod hos su-
  mám dies.
 AN. Sed Phórmiost. quid aîs? PH. Quid? AN. Quid nam núnc
  facturust Phaédria?
Quo pácto satietátem amoris ait se uelle absúmere?
PH. Vicissim partis tuás acturus ést. AN. Quas? PH. Vt fugitét
  patrem.
Te suás rogauit rúrsum ut ageres, caúsam ut pro se díceres;
Nam pótaturus ést apud me. ego me ire senibus Súnium
10 Dicam ád mercatum, ancillulam emptum dúdum quam dixit
  Geta;
Ne quom hic non uideant mé conficere crédant argentúm suom.

Satzes; vergl. z. B. V. 825 *celetur*
(gegen *patefit*).
V. 827 *ubi nam ... possim?* Die
Frage ist abhängig von einem zu
ergänzenden 'ich möchte wissen';
vergl. Plaut. Pseud. V. 236 *Quonam
pacto animum uincere possim?* Zugleich nähert sich Antipho dem
väterlichen Hause.
V. 829. Phormio tritt gleichfalls
von der Seite des Forum her auf;
Antipho steht vor dem väterlichen
Hause im Hintergrunde (s. V. 840).
V. 830. Die Quantität der Schlusssilbe von *Phaedria* ist zweifelhaft.
Dass *a* im Nomin. der 1. Decl. im
Latein überhaupt und speciell der
Eigennamen, welche den griechischen auf ᾱς entsprechen, ursprünglich lang war, ist unzweifelhaft;
Reste dieser Messung haben sich
bei Plautus erhalten. Bei Terenz
fehlen sichere Beispiele (s. Neue a.
O. I 39), obwol die Oxytonirung
des daktylischen Wortes *Phaedriā*
poterētur nicht ohne Bedenken ist
(s. Ritschl, Opusc. Plaut. II 437). —

nam emissast manu, in Freiheit gesetzt vom *leno*. Man muss annehmen, dass Phaedria die Citherspielerin vom Kuppler freigekauft
hat, um dann mit ihr als einer
liberta das Verhältniss fortzusetzen;
als Sklavin zu Hause konnte er
sie schon seines Vaters wegen
nicht haben. Das *propria potiri*
V. 830 ist daher im beschränkten
Sinne zu nehmen.
V. 832 *aliquod* = aliquot s. Anm.
zu V. 159.
V. 834 *Quo pacto* q. s.: Antipho
frägt darnach, weil Phaedria die
Entdeckung durch seinen Vater
fürchten muss. — *satietatem ...
absumere* bedeutet *sat. absumendo
capere*.
V. 835 f. erinnert an Demiphos
Wort V. 267 *tradunt operas mutuas*. — Zu V. 835 s. Anhang.
V. 837 *Sunium*, woselbst als in
einem Hafenplatze eine grössere
Auswahl zu erwarten war; vergl.
Büchsenschütz, Besitz u. Erwerb
im griech. Alt. S. 122 f.

Sed óstium concrépuit abs te. AN. Víde, quis egreditúr.
PH. Getast. 840
GETA ANTIPHO PHORMIO
SERVOS ADVLESCENS PARASITVS

γ GE. Ó Fortuna, o Fórs Fortuna, quántis commoditátibus,
6   Quám subito meo ero Ántiphoni ope uóstra hunc onerastis
    diem!
AN. Quid nam hic sibi uolt? GE. Nósque amicos eius exone-
    rastís metu!
    Séd ego nunc mihi césso, qui non úmerum hunc onero pállio
5   Ádque hominem propero ínuenire, ut haéc quae contigerint
    sciat. 845
AN. Núm tu intellegis, hic quid narret? PH. Núm tu? AN. Nil.
    PH. Tantúndem ego.
GE. Ád lenonem hinc ire pergam; ibi núnc sunt. AN. Heus,
    Geta. GE. Ém tibi.
    Núm mirum aut nouómst reuocari, cúrsum quom institeris?
    AN. Geta.
GE. Pérgit hercle. númquam tu odio tuó me uinces. AN. Nón
    manes?

V. 840 *ostium concrepuit*: das antike griechische Haus wurde häufig nach Aussen zu geöffnet (s. Becker, Charikles ° II 95). Um beim Oeffnen der Thür keine Störung auf den sehr engen Strassen zu verursachen, soll es Sitte gewesen sein das Heraustreten von Innen durch Klopfen an der Thür anzukündigen; darauf beziehe sich das in den Komödien oft wiederkehrende '*ostium concrepuit*' u. ähnl. So berichtet Plutarch ausdrücklich Poplic. c. XX, dessen Mittheilung jedoch seinen Worten nach nur auf die Komödien zurückgeht (... Τῶν δ' ἄλλων τότε θυρῶν εἴσω τῆς οἰκίας εἰς τὸ κλεισίον ἀνοιγομένων, ἐκείνης μόνης τῆς οἰκίας ἐποίησαν ἐκτὸς ἀπάγεσθαι τὴν αὔλειον, ὡς δὴ κατὰ τὸ συγχώρημα τῆς τιμῆς ἀεὶ τοῦ δημοσίου προςεπιλαμβανομένου. Τὰς δ' Ἑλληνικὰς πρότερον οὕτως ἔχειν ἁπάσας λέγουσιν, ἀπὸ τῶν κωμῳδιῶν λαμβάνοντες, ὅτι κόπτουσι καὶ ψοφοῦσι τὰς αὐτῶν θύρας ἔσωθεν οἱ προϊέναι μέλλοντες, ὅπως αἴσθησις ἔξω γένοιτο τοῖς παρερχομένοις ἢ προεστῶσι καὶ μὴ καταλαμβάνοιντο προϊούσαις ταῖς κλεισιάσιν εἰς τὸν στενωπόν). — *Vide, quis egreditur:* Antipho tritt rasch zurück, um einem etwaigen

Zusammentreffen mit seinem Vater zu entgehn.
V. 841. Geta kommt aus dem Hause des Demipho. — *Fortuna* sowie *Fors Fortuna* wurden in Rom göttlich verehrt und hatten Tempel.
V. 843 *sibi uelle* eine gewöhnliche Wendung der Umgangssprache (vgl. Holtze a. O. I 301. 351).
V. 844 *mihi* ist durch ein Hyperbaton aus dem Nebensatz in den Hauptsatz gezogen; vergl. Anm. zu V. 261. — *umerum hunc onero pallio:* bei Gängen ausser dem Hause trugen auch Sklaven eine Art Mantel als Übergewand; diesen zogen sie aufwärts, wenn sie eilen mussten.
V. 845 *adque* nach allen Handschriften bei Umpf.; vergl. Brambach, Lat. Orth. S. 332. — *hominem*, nämlich Antipho.
V. 847 *Em tibi.* Zu dem hinweisenden *em* tritt sehr häufig *tibi* (hier auf den Redenden selbst zu beziehen, wie V. 848 *institeris*), um anzugeben, für wen die Hinweisung gilt: da für dich, da hast du's; zu ergänzen ist etwa *habe* oder *habes*. Vergl. O. Ribbeck, Lat. Part. S. 33.
V. 848 *cursum quom institeris;* vergl. V. 192.
V. 849 *numquam tu odio tuo me*

GE. Vápula. AN. Id quidem tibi iam flet, nisi resistis, uérbero. 850
GE. Fámiliariórem oportet ésse bunc; minitatúr malum.
Séd isne est quem quaero án non? ipsust. cóngredere actu-
túm. AN. Quid est?
GE. O ómnium, quantum ést qui uiuont, hómo hominum orna-
tissume!
Nám sine controuórsia ab dis sólus diligere, Ántipho.
AN. Ita uelim; sed quí istuc credam ita ésse mihi dicí uelim. 855
GE. Sátine est si te délibutum gaúdio reddo? AN. Énicas.
PH. Quin tu hinc pollicitátiones aúfer et quod férs cedo. GE. Oh,
Tú quoque aderas, Phórmio? PH. Aderam; séd tu cessas?
GE. Accipe, em:
Vt modo argentúm tibi dedimus ápud forum, rectá domum
Súmus profecti; intérea mittit érus me ad uxorém tuam. 860
AN. Quam ób rem? GE. Omitto próloqui; nam nihil ad hanc rem
est, Ántipho.
Vbi in gynaeceum ire occipio, púer ad me adcurrit Mida,
Póne adprendit pállio, resupinat: respició, rogo
Quam óbrem retineát me; ait esse uétitum intro ad eram ac-
cédere.
'Sóphrona modo frátrem huc' inquit 'sénis introduxit
Chremem'; 865
Eúmque nunc esse intus cum illis. hóc ubi ego audiui, ád foris
Súspenso gradú placide ire pérrexi, accessi, ástiti,
Ánimam compressi, aúrem admoui; ita ánimum coepi atténdere,
Hóc modo sermónem captans. PH. Eú, Geta. GE. Hic pul-
chérrumum
Fácinus audiui; itaque paene hercle éxclamaui gaudio. 870
AN. Quód? GE. Quod nam arbitráre? AN. Nescio. GE. Atqui
mirificíssumum:
Pátruos tuos est páter inuentus Pbánio uxorí tuae.
AN. Quid aïs? GE. Cum eius consuéuit olim mátre in Lemno
clánculum.
PH. Sómnium: utin haec ignoraret suóm patrem? GE. Aliquid
crédito,
Phórmio, esse caúsae; sed me cénsen potuisse ómnia 875

uinces: nie wirst du mich durch
deln lästiges Benehmen zum Folgen
bestimmen können. Vergl. Hor. sat.
I 7, V. 6 *Durus homo atque odio
qui posset uincere Regem.*
V. 850 *Vapula* eine Drohformel
der Umgangssprache; vergl. Plaut.
Curc. V. 568 *Vapulare ego te ue-
hementer iubeo.*
V. 854. S. V. 817 u. Anm.
V. 856 *Enicas;* s. Anm. zu V. 806.
V. 861 *proloqui* vorbringen (ohne

etwaige Beziehung auf das Einlei-
tende; vergl. z. B. V. 283). Geta
will die Frage des Antipho nicht
erst beantworten.

V. 870 *paene* auch bei den Komikern ganz regelmässig mit dem Indic. perf. verbunden; z. B. Heaut.
V. 814 *Quam paene tua me per-
didit proteruitas!*

V. 873 *consuescere* Umgang
pflegen.

Íntellegere extra óstium, intus quae inter sese ipsi égerint?
AN. Átque ego quoque inaúdiui illam fábulam. GE. Immo etiám
dabo
Quó magis credas: pátruos interea índe huc egreditúr foras;
Haúd multo post cúm patre idem récipit se intro dénuo:
Áit uterque tibi potestatem éius adhibendaé dari. 880
Dénique ego sum missus, te ut requírerem atque addúcerem.
AN. Quín ergo rape mé. quid cessas? GE. Fécero. AN. O mi
Phórmio,
Vále. PH. Vale, Antiphó. bene, íta me di ament, factum.
gaúdeo.

PHORMIO
PARASITVS

Tantám fortunam de inprouiso esse his datam!
Summa éludendi occásiost mihi núnc senes 885
Et Phaédriae curam ádimere argentáriam,
Ne quoíquam suorum aequálium suppléx siet.
Nam idem hóc argentum, ita út datumst, ingrátiis
Ei dátum erit; hoc qui cógam, re ipsa répperi.
Nunc géstus mihi uoltúsque est capiundús nouos. 890
Sed hínc concedam in ángiportum hoc próxumum,
Inde hísce ostendam me, úbi erunt egressí foras.
Quo me ádsimularam ire ád mercatum, nón eo.

DEMIPHO CHREMES PHORMIO
         SENES II PARASITVS

DE. Dis mágnas merito grátias habeo átque ago,

V. 877 *inaudiui*: dieses Verbum, welches sich nur in den Formen vom Perfectstamme findet, bezeichnet den Anfang des Hörens, 'verlauten, munkeln hören', und gehört vielleicht zu einem ungebräuchlichen Inchoativum. Bei Plautus lautet übrigens das Wort alterthümlicher *indaudiuisse* (s. Ritschl, Prol. in Trin. S. CXLIII Anm.). Antipho hatte von Sophrona oder Phanium auch Einiges über ihre Herkunft gehört, was schon daraus hervorgeht, dass vor Gericht gerade derjenige Name des Vaters gewählt wurde, unter welchem Chremes auf Lemnos bei seiner zweiten Familie gelebt hatte; vergl. V. 389 f. mit V. 740.
V. 880 *eius adhibendae*, nämlich *in matrimonio*; vergl. V. 714 *quin mihi testis adhibeam* (bei dem Geldgeschäft).

V. 882 *Fecero* s. Anm. zu V. 308 und 426.
Nach V. 883 treten Antipho und Geta ins Haus des Demipho ab.
V. 886 *adimere* anakoluthisch nach dem vorausgehenden *eludendi*.
V. 888. Der Sinn der Worte *ita ut datumst* ist etwas dunkel. Am einfachsten ist die Erklärung: es (das Geld) wird unter diesen Umständen (*ut supplex sit aequalibus*) wie es gegeben ist u. s. w. Dabei bleibt freilich das Perfect auffallend. Vielleicht ist *quod* für *ut* zu lesen.
V. 891. Phormio tritt zurück in das zwischen den Häusern des Demipho und des Kupplers angedeutete Quergässchen; vergl. Einl. S. 19 f.
V. 893 mit Bezug auf V. 837 f.
V. 894. Demipho und Chremes treten aus dem Hause des Ersteren.

	Quando éuenere haec nóbis, frater, próspere.	895
12 Ch.	Estne ita uti dixi liberalis? De. Óppido.	
	Quantúm potest, nunc cónueniundust Phórmio,	
	Prius quám dilapidat nóstras trigintá minas,	
5	Vt aúferamus. Ph. Démiphonem si domist	
	Visam, út quod . . De. Ad nos ád te ibamus, Phórmio.	900
Ph.	De eadem hác fortasse caúsa? De. Ita hercle. Ph. Crédidi.	
	Quid ád me ibatis? De. Rídiculum. Ph. Verebámini	
	Ne nón id facerem quód recepissém semel?	
10	Heus, quánta quanta haec méa paupertas ést, tamen	
	Adhúc curaui unum hóc quidem, ut mi essét fides.	905
	Idque ádeo uenio núntiatum, Démipho,	
	Parátum me esse: ubi uóltis, uxorém date.	
15	Nam omnís posthabui mihi res, ita uti pár fuit,	
	Postquam íd tanto opere uós uelle animum aduórteram.	
De.	At híc dehortatus ést me, ne illam tibi darem;	910
	'Nam quí erit rumor pópuli' inquit, 'si id féceris?	
	Olím quom honeste pótuit, tum non ést data;	
20	Eam núnc extrudi túrpest'. ferme eadem ómnia	
	Quae túte dudum córam me incusáueras.	
Ph.	Satís superbe inlúditis me. De. Quí? Ph. Rogas?	915
	Quía ne álteram quidem illam potero dúcere;	
	Nam quó redibo ore ád eam quam contémpserim?	
25 Ch.	'Tum autem Ántiphonem uideo ab sese amíttere	
	Inuitum eam' inque. De. Tum aútem uideo filium	
	Inuitum sane múlierem ab se amittere.	920

Im Begriff nach dem Forum hin zu Phormio zu gehn. Da tritt ihnen dieser aus der nach der gleichen Seite hin gelegenen Quergasse entgegen. — *gratias* wegen *ago;* bei *habere* steht sonst regelmässig auch bei den Komikern der Singular *gratiam;* z. B. Andr. V. 770.
V. 896 steht in den Handschriften erst nach V. 905, muss aber jedenfalls vor dem Eintreten des Phormio in das Gespräch seinen Platz haben. S. Anhang.
V. 899. Der Satz mit *ut* hängt gleich dem vorausgehenden Satz mit *priusquam* vom Hauptsatze ab. — *dilapidat* ein trivialer Ausdruck für *consumit.*
V. 900 *Ad (nos)* steht für *At;* s. V. 845 u. Anm.
V. 901 *Credidi* mit einer gewissen (fingirten) Bitterkeit über das Misstrauen der beiden Alten.
V. 902 *Ridiculum* ohne *est* als Antwort auch Andr. V. 712; Eun.

V. 452; vergl. Andr. V. 474. Hingegen Hec. V. 668 heisst es *Ridicule rogas.*
V. 904 *Heus* soll hier in emphatischer Weise die Aufmerksamkeit der Angeredeten auf das Folgende lenken (s. V. 819 u. Anm.). Andr. V. 636 *Heus, proxumus sum egomet mihi,* wozu Donat bemerkt: *Heus significatio est modo nominis ad intentionem considerationemque reuocandi.*
V. 906 *Idque adeo;* vergl. V. 645 u. Anm. sowie Anm. zu V. 389.
V. 910 *dehortatus* dreisilbig, während bei Plaut. Capt. V. 209 *děhortor* sich findet, wofür nach Ritschls N. Pl. Exc. S. 99 aus dem Zusammenhang sich ergebender Vermuthung ein alterthümliches *dedhortor* zu lesen wäre; Fleckeisen schreibt da *id dehortor.*
V. 914 *incusare* mit dem doppelten Accusativ; vergl. V. 947 u. Anm.

PHORMIO V 8, 28—V 8, 69

Sed tránsi sodes ád forum atque illúd mihi
Argéntum rursum iúbe rescribi, Phórmio.
30 PH. Quodne égo discripsi pórro illis quibus débui?
DE. Quid ígitur fiet? PH. Sí uis mi uxorém dare,
Quam déspondisti, dúcam; sin est út uelis 925
Manére illam apud te, dós hic maneat, Démipho.
Nam nón est aequom mé propter uos décipi,
35 Quom ego uóstri honoris caúsa repudium álterae
Remiserim, quae dótis tantundém dabat.
DE. In ín malam rem hinc cum istac magnificéntia, 930
Fugitiue? etiam nunc crédis te ignorárier
Aut túa facta. PH. Adeo inrítor. DE. Tune hanc dúcercs,
40 Si tibi daretur? PH. Fác periclum. DE. Vt fíllus
Cum illa hábitet apud te, hoc uóstrum consiliúm fuit.
PH. Quaesó quid narras? DE. Quin tu mi argentúm cedo. 935
PH. Immo uéro uxorem tú cedo. DE. In ius ámbula.
PH. Enim uéro si porro ésse odiosi pérgitis . .
45 DE. Quid fácies? PH. Egone? uós me indotatís modo
Patrócinari fórtasse arbitrámini;
Etiám dotatis sóleo. CH. Quid id nostrá? PH. Nihil. 940

V. 922 *rescribi* von dem Wechsler
(τραπεζίτης, *tarpessita*), welcher
vorher die betreffende Summe auf
dem Conto des Demipho dem Phormio
zugeschrieben hatte. Solchen Wechs-
lern, welche auf dem Markte ihre
Plätze hatten, übergaben die Be-
sitzenden in der Regel ihr Baarver-
mögen zur Verwaltung um Zahlun-
gen lediglich auf ihn anweisen, oder
bei ihm umschreiben (διαγράφειν,
discribere) zu können (s. Hermann,
Griech. Ant. III² 391 ff.). Mit Rücksicht auf V. 714 ist hier anzunehmen, dass Demipho das von Hause
mitgebrachte baare Geld zunächst
bei seinem Wechsler eingezahlt hat.
V. 925 *est ut* umschreibt nachdrucksvoll den einfachen Gedanken;
vergl. Hec. V. 558 f. *si est ut dicat
uelle se, Redde: sin est autem ut
nolit* q. s.
V. 928 f. *Quom . . . . remiserim:*
der Coniunctiv bei causalem *quom*
besonders in indirecter Rede, obwohl auch schon in der directen.
S. Lübbert, Gramm. Stud. II 130.
Vergl. V. 22 f. u. Anm. — *alterae:*
für *ius* und *i* finden sich im Gen.
und Dat. des Sing. fem. besonders bei
älteren Schriftstellern nicht selten
die Endungen der gewöhnlichen Declination. S. Neue a. O. II 183 ff.;

Aug. Luchs in Studemund, Stud. z.
a. Lat. I 331 ff.
V. 930. Das erstere *In* steht für
Is ne (von *eo*). — *magnificentia*
Grossthuerei.
V. 931 *Fugitiue* ein Schmähwort,
welches zunächst nur für Sklaven
passt, aber auch gegen Solche angewandt wird, welche man jenen
gleichstellt; vergl. Eun. V. 669;
Capt. V. 209; Cas. II 6, 45; Plaut.
Men. V. 80; Poen. IV 2, 10; Pseud.
V. 365; Trin. V. 1027.
V. 932 *Adeo inritor,* man belei-
digt mich gar; nicht nur, dass man
mich zum Besten hat (V. 915) und
mir Schaden zufügen will (V. 927).
S. Anhang.
V. 936. Gerade in der Verbindung
mit *uero* scheint bei *immo* Verkürzung beider Silben eingetreten zu
sein. S. Anhang. — *In ius ambula;*
vergl. V. 981 *In ius eamus.* Dies
die gewöhnliche Formel, mit der
Einer bei den Römern in Gegenwart
eines Dritten, den er *'antestari'*
musste, einen Privatprocess gültig
einleitete.
V. 938 *indotatis* und V. 940 *dotatis* ist substantivirtes Femininum;
vergl. V. 298 *inopem* (Fem.); V. 416
proxumo.

Hic quándam noram, quoius uir uxorem .. CH. Ém. DE.
Quid est?
PH. Lemni hábuit aliam, CH. Núllus sum. PH. ex qua fíliam
Suscépit; et eam clam éducat. CH. Septíltus sum.
PH. Haec ádeo ego illi iám denarrabo. CH. Óbsecro,
Ne fácias. PH. Oh, tune is eras? DE. Vt ludós facit. 945
CH. Missúm te facimus. PH. Fábulae. CH. Quid uis tibi?
Argéntum quod habes cóndonamus te. PH. Aúdio.
Quid uós malum ergo mé sic ludificámini
Inépti uostra púerili *inconstá*ntia?
Noló uolo; uolo nólo rursum; cápe cedo; 950
Quod dictum, indictumst; quód modo erat ratum, inritumst.
CH. Quo pácto aut unde haec híc resciuit? DE. Néscio,
Nisi mé dixisse némini certó scio.
CH. Monstri, íta me di ament, simile. PH. Inieci scrúpulum.
DE. Em,
Ilicíne ut a nobis hóc tantum argenti aúferat 955
Tam apérte inridens? émori hercle sátius est.
Animó uirili praésentique ut sis para:
Vidés tuom peccátum esse elatúm foras
Neque iam id celare pósse te uxorém tuam.
Nunc quód ipsa ex aliis aúditura sit, Chreme, 960
Id nósmet indicáre placabílius est;
Tum hunc inpuratum póterimus nostró modo

V. 945 *ludos facere* sein Spiel
treiben.
V. 946 *fabulae* vergl. V. 492.
V. 947 *Argentum . . . condonamus te;* vergl. Eun. V. 17 *Habeo alia multa, quae nunc condonabitur.* Die Construction des doppelten Accusativus ist bei den Komikern, wohl unter Einwirkung des Griechischen, weit ausgedehnter als in der classischen Prosa, indem nicht nur die Verba des Verlangens u. dergl., sondern auch die des Gegentheils, des Gewährens ein persönliches und sachliches Object im Acc. zu sich nehmen können; s. Holtze a. O. I 286 ff. Ueberhaupt ist der Gebrauch eines sachlichen Accusativs bei Intransitivis oder Verbis mit einem persönlichen Accus. in der vorclassischen Zeit viel ausgebreiteter, als Draeger, Hist. Synt. I 380 zugibt.
V. 948 ff. Es kann auffallend erscheinen, dass der Dichter nicht an diesem Puncte, da Antipho sowie Phaedria jeder sein Ziel völlig er-

reicht hat, diese Scene abbrechen lässt und das Stück schnell zu Ende führt; dass vielmehr Phormio — scheinbar unnöthig — das gewonnene Geld wieder aufs Spiel setzt (s. V. 955. 963 ff.) ohne ein wesentlich anderes Ergebniss zu gewinnen. Aber abgesehen davon dass durch Fortsetzung des Dramas demselben eine höchst lebhafte Scene voll komischer Wirkung gewonnen wird; würde es im Grunde unbefriedigt lassen, wenn in Bezug auf Chremes, dessen Geheimniss den beiden jugendlichen Liebhabern, sowie dem Phormio und Geta bereits bekannt geworden, die wohlverdiente Entdeckung durch **Nausistrata** in Ungewissheit bliebe (s. V. 958 ff.). Zudem gewinnen Phaedria und Phormio dem Chremes gegenüber für ihre Wünsche eine viel festere Stellung (s. V. 1040 ff.).

V. 957 *Animo . . praesenti;* vergl. Eun. V. 769 *Fac animo haec praesenti dicas.*

70 Vlcisci. PH. Attat, nisi mi prospicio, haéreo.
Hi gládiatorio ánimo ad me adfectánt uiam.
CH. At uéreor ut placári possit. DE. Bóno animo es: 965
Ego rédigam uos in grátiam, hoc fretús, Chreme,
Quom e médio excessit únde haec susceptást tibi.
75 PH. Itane ágitis mecum? sátis astute adgrédimini.
Non hércle ex re istius me instigasti, Démipho.
Ain tu? úbi quae lubitum fúerit peregre féceris 970
Neque huius sis ueritus féminae primáriae,
Quin nóuo modo eï fáceres contuméliam,
80 Veniás nunc precibus laútum peccatúm tuom?
Hisce égo illam dictis ita tibi incensám dabo,
Vt né restinguas, lácrumis si extilláueris. 975
DE. [Malúm quod isti di deaeque omnés duint.]
Tantán adfectum quémquam esse hominem audácia!
85 Non hóc publicitus scélus hinc asportárier
In sólas terras! CH. In id redactus súm loci,
Vt quid agam cum illo nésciam prorsum. DE. Égo scio: 980
In iús eamus. PH. In ius? huc, siquid lubet.
CH. Adséquere, retine, dúm ego huc seruos éuoco.

V. 963. Ueber den Hiatus vor *Attat* vergl. V. 146 u. Anm. — *haereo*, vollständiger V. 780 *in . . luto haesitas*.
V. 967 *Quom . . . excessit:* das explicative *quom* mit dem Indicativ ist namentlich bei Plautus sehr beliebt, kommt aber auch bei Terenz wiederholt vor; s. Ed. Lübbert, Gramm. Stud. II S. 95—108.
V. 969 *ístius* mit Verkürzung der Paenultima; Ritschl Opusc. phil. II 690 misst *Ystius*. Vergl. jedoch V. 648 u. Anm.
V. 971 *huius sis ueritus feminae pr.* Den causalen Genetiv hat das ältere Latein vereinzelt bei *uereri* nach Analogie von *piget* u. s. w. Vergl. Non. 496 (S. 338 G. u. R.), welcher Beispiele aus Pacuvius (V. 183 Ribb.: *Cuius pater ueretur maxume*) und Attius (V. 76: *Si tui ueretur te progenitoris, cedo*) anführt.
V. 976 = Plaut. Most. V. 655. *Malum* ist hier eine selbständige Verwünschung, an welche sich der Relativsatz anschliesst.
V. 980 ff. wird besonders durch den Hinblick auf römische Rechtsverhältnisse erklärlich. Falls Jemand der *in ius uocatio* keine Folge leistete, hatte sein Gegner (schon nach dem Zwölftafelgesetze) das Recht der *manus iniectio* als Erbstück der ursprünglichen Selbsthilfe und durfte jenen mit Gewalt vor den Richter (*'ad praetoris sellam'* nach Donat zu V. 981) bringen (*rupere;* vergl. V. 985), um dessen Entscheidung einzuholen. Vergl. Ihering, Geist d. R. R. I³ S. 150 ff.; 157 f. Dadurch hoffte Demipho den Chremes wenigstens für einige Zeit von Phormio zu befreien. — *agam cum illo: cum* in solchem Zusammenhang zeigt an, dass die Thätigkeit des Praedicats als wechselseitige zu denken ist; vergl. *res mihi est cum al.* und überhaupt Holtze I 96 f.
V. 981 *huc:* Phormio geht auf das Haus des Chremes zu.
V. 982 ff. Chremes läuft in seiner Angst auf das Haus des Demipho zu um von da Sklaven herauszuholen; sein Bruder soll einstweilen den Phormio zurückhalten. Demipho kann das allein nicht und ruft Chremes zurück (V. 983 *adcurre*). Phormio, an den zuerst Demipho, sodann Chremes gewaltsam Hand angelegt hat, constatirt dies V. 983 f. für eine etwaige δίκη αἰκίας (s. Meier u. Schoemann, Att. Proc. S. 547 ff.).

90 DE. Enim néqueo solus: ádcurre. PH. Vna iniúriast
Tecúm. DE. Lege agito ergo. PH. Álterast tecúm, Chreme.
CH. Rape húnc. PH. Sic agitis? énim uero uocést opus: 985
Nausístrata, exí. CH. Os ópprime: inpurum uide
Quantúm ualet. PH. Nausístrata, inquam. DE. Nón taces?
95 PH. Taceám? DE. Nisi sequitur, púgnos in uentrem ingere.
PH. Vel óculum exculpe; est úbi nos ulciscár probe.

<table>
<tr><td>NAVSISTRATA</td><td>CHREMES</td><td>DEMIPHO</td><td>PHORMIO</td></tr>
<tr><td>MVLIER</td><td colspan="2">SENES II</td><td>PARASITVS</td></tr>
</table>

V NA. Qui nóminat me? em, quid istuc turbaest, óbsecro, 990
9 Mi uír? PH. Ehem, quid nunc óbstipuisti? NA. Quis hic
homost?
Non mihi respondes? PH. Hícine ut tibi respóndeat,
Qui hercle úbi sit nescit? CH. Cáue isti quicquam créduas.
5 PH. Abi, tánge; si non tótus friget, me ènica.
CH. Nihil ést. NA. Quid ergo? quid istic narrat? PH. Iám
scies: 995
Auscúlta. CH. Pergin crédere? NA. Quid ego óbsecro
Huic crédam, qui nil dixit? PH. Delirát miser
Timóre. NA. Non pol témerest, quod tu tám times.
10 CH. Egon timeo? PH. Recte sánc: quando níl times,
Et hoc níhil est quod ego díco, tu narrá. DE. Scelus, 1000
Tibi nárret? PH. Ohe tu, fáctumst abs te sédulo
Pro frátre. NA. Mi uir, nón mihi dices? CH. At.. NA.
Quid 'at'?
CH. Non ópus est dicto. PH. Tibi quidem; at scito huic opust.
15 In Lémno NA. Em, quid aïs? CH. Nón taces? PH. clam
te CH. Ei mihi.
PH. Vxórem duxit. NA. Mí homo, di meliús duint. 1005
PH. Sic fáctumst. NA. Perii mísera. PH. Et inde filiam
Suscépit iam unam, dúm tu dormis. CH. Quid agimus?
NA. Pro di inmortales, fácinus miserandum ét malum.

V. 983 f. *Vna iniuriast Tecum:*
'id est actio iniuriarum ex lege'
(Donat z. d. St.); vergl. Weiske,
Rechtslex. V S. 864—867.
V. 984 *Lege agite ergo*; vergl.
Anm. zu V. 980 ff.
V. 986 *Os opprime* q. s. Chremes
erhöht zugleich selbst seine Anstrengungen, stösst dabei aber auf Phormios kräftigen Widerstand.
V. 990. Nausistrata tritt aus ihrem
Hause.
V. 991 *obstipuisti:* so und nicht
obstup. lautet auch, wo sonst das
Wort bei Terenz vorkommt, Andr.

V. 256 und Ad. V. 612 die beste
Ueberlieferung.
V. 993. Ueber *creduas* vergl. Anm.
zu V. 123.
V. 999 *Recte sane,* nämlich *dicis:*
du (Chremes) fürchtest dich nicht.
V. 1001 *tibi*, insofern Phormio
zum Erzählen aufgefordert hat.
V. 1004. Ueber die Personenvertheilung s. Anhang.
V. 1006 *Mi homo* eine Vertraulichkeit der Anrede, welche durch die
Aufregung des Augenblicks zu erklären ist (vergl. Donat z. d. St.).

PH. Hoc áctumst. **NA.** An quicquam bódiest factum indígnius?
Qui mi, úbi ad uxores uéntumst, tum fiúnt senes! 1010
Démipho, te appéllo; nam cum hoc ipso distaedét loqui:
Haécine erant itiónes crebrae et mánsiones diútinae
Lémni? haecine erat éa quae nostros minuit fructus uílitas?
DE. Égo, Nausistrata, ésse in hac re cúlpam meritum nón nego;
Séd ea quin sit ígnoscenda. **PH.** Vérba fiunt mórtuo. 1015
DE. Nám neque neclegéntia tua néque odio id fecít tuo.
Vinolentus fére abhinc annos quindecim muliérculam
Eám compressit, únde haec natast; néque postilla umquam
áttigit.
Éa mortem obiit, é medio abiit; qui fuit in re hac scrúpulus.
Quam óbrem te oro, ut ália facta túa sunt, aequo animo hóc
feras. 1020
NA. Quid ego aequo animo? cúpio misera in hác re iam de-
fúngier.
Séd qui id sperem? aetáte porro minus peccaturúm putem?
Iám tum erat senéx, senectus sí uerecundós facit.
Án mea forma atque aétas nunc magis éxpetendast, Démipho?
Quid mi hic adfers, quam óbrem exspectem aut spérem porro
nón fore? 1025

V. 1009 *Hoc actumst* (dies ist gethan, erledigt) nimmt höhnisch Bezug auf die Frage des Chremes V. 1007 *Quid agimus?*
V. 1010. Der Relativsatz bezieht sich auf ein vorschwebendes *Em uiros. — mi* ethischer Dativ; s. Holtze a. O. I 351.
V. 1011. Mit der Anrede an Demipho tritt ein Wechsel im Metrum ein. Aehnliche Uebergänge von Senarpartien zu musikalischen mitten in einer Scene sind namentlich bei Terenz häufig (s. Neue Jahrb. f. Phil. Bd. 103 [1871] S. 822 Anm. 11), und selbst mitten in der Rede derselben Person findet, wie oben, ein solcher Wechsel Statt (z. B. Ad. V. 227 f. 678 f.).
— In *distaedet* (vergl. Eun. V. 832 *dispudet*, ferner *disperii*) hat *dis* scheinbar eine von der gewöhnlichen abweichenden Bedeutung (s. Charis. S. 178 P. (198 K.) dis *pro ualde* q. s.); in Wirklichkeit bezeichnet *dis*, dass der Ekel u. s. w. ein durch und durch gehender ist.
V. 1012 *itiones.. mansiones:* Abstracta werden bei den Komikern zahlreich im Plural gebraucht; vergl. Holtze a. O. I 17 f.; Draeger, Hist. Synt. I 9; Studemund, Stud. auf d.

Geb. d. arch. Lat. I 1 Prooem. VII Anm. 1.
V. 1015 *Sed ea quin sit ignoscenda: quin* wird hier in der Regel erklärt durch Ergänzung eines Verbums in der 2. oder 3. Person *negare non poteris, nemo negauerit* (Faernus, Bentley, Westerhof z. d. St.), *non negabis* (Holtze a. O. II 179) u. dergl. Das halte ich grammatisch für unmöglich, ebenso wie die Annahme einer vollständigen Aposiopesis (nach Umpfenbach). Vielmehr gehört zu *sed* ganz regelmässig *nego (eum culpam meritum esse); quin ea* q. s. bedeutet dann: welche nicht ... (ohne dass diese ...). — *Verba fiunt mortuo* bezieht sich auf Nausistrata; *mortuo* im Mascul. wegen der sprichwörtlichen Wendung des Gedankens.
V. 1021 *defungier* loskommen, frei werden; vergl. Eun. V. 15 *Defunctus iam sum, nihil est quod dicat mihi;* Ad. V. 507 f. unpersönlich: *utinam hic sit modo Defunctum*. Nausistrata wünscht der Besorgnisse wegen Untreue ihres Gatten nun einmal ganz ledig zu werden; aber auf die im Folgenden vorgebrachten Gründe für seine Treue glaubt sie

PH. Éxsequias Chreméti quibus est cómmodum ire, em témpus est.
Síc dabo. age nunc Phórmionem qui uolet lacéssito:
Fáxo tali eúm mactatum atque híc est infortúnio;
Rédeat sane in grátiam iam; súpplici satis ést mihi.
Hábet haec eī quód, dum uiuat, úsque ad aurem oggánniat. 1030
NA. Át meo merito crédo. quid ego núnc commemorem, Démipho,
Singulatim, quális ego in hunc fúerim? DE. Noui aeque ómnia
Técum. NA. Merito hoc meó uidetur fáctum? DE. Minume
géntium.
Vérum iam quando áccusando fíeri infectum nón potest,
Ignosce; orat cónfitetur púrgat: quid uis ámplius? 1035
PH. Énim uero prius quam haéc dat ueniam, mihi prospiciam et
Phaédriae.
Heús Nausistratá, prius quam huic respóndes temere, audi.
NA. Quid est?
PH. Égo minas triginta per falláciam ab illoc ábstuli;
Eás dedi tuo gnáto; is pro sua amíca lenoni dedit.
CH. Ém, quid aïs? NA. Adeón indignum hoc tibi uidetur, fílius 1040
Hómo adulescens si habet unam amícam, tu uxorés duas?
Nil pudere? quo óre illum obiurgábis? respondé mihi.
DE. Fáciet ut uolés. NA. Immo ut meam iám scias senténtiam,
Néque ego ignosco néque promitto quícquam neque respóndeo
Prius quam gnatum uídero; eius iudício permitto ómnia. 1045
Quód is iubebit fáciam. PH. Mulier sápiens es, Nausístrata.
NA. Sátin tibist? CH. Mihin? immo uero púlchre discedo ét probe
Ét praeter spem. NA. Tú tuom nomen dice quid sit. PH.
Phórmio;
Vóstrae familiae hércle amicus ét tuo summus Phaédriae.

---

nicht bauen zu dürfen, so dass im
Hintergrunde die Drohung einer
Scheidung (s. V. 586 f.) vorschwebt.
V. 1026 *Exsequias alicui ire* ist
der solenne Ausdruck für das Geleiten eines Leichenbegängnisses.
V. 1027 *Sic dabo*, nämlich *cuique
aduersario;* vergl. Plaut. Pseud. V.
154 *em sic datur, si quis erum
seruos spernit.* — V. 1027 ff. spricht
Phormio natürlich zu den Zuschauern
gewendet.
Mit V. 1029 ändert Phormio nach
einer kleinen Pause die triumphirende und drohende Haltung und
nimmt einen versöhnlicheren Ton an.
Nach V. 1031 könnte Phormio V.
1029 f. nicht abseits, sondern nur
offen gesprochen haben; vergl. jedoch Anhang.
V. 1032 f. *aeque . . . cum* gehört
ebenso wie *iuxta, simul . . . cum*

der Umgangssprache an; s. Handii
Turs. I 193. II 140; Holtze a. O. I
91 f.
V. 1038. Die Cäsur wie z. B. V.
1042. Fleckeisen stellt um *E. m.
tr. ab illoc p. f. a.*
V. 1045 f. Wie das Urtheil des
Phaedria ausfallen wird, konnte der
Dichter füglich den Zuschauern zum
Rathen überlassen. Seine Anwesenheit neben den vier vorhandenen
Personen war ganz unnöthig (anders
C. Steflen in Act. soc. phil. Lips. II
132).
V. 1047. S. Anhang zu V. 1048.
V. 1048 *quid sit*: in Fragen nach
dem Namen einer Person ist die
regelmässige Pronominalform der
Umgangssprache *quid* (nicht *quod);*
die Beispiele s. bei Ed. Becker in
Studemund's Studien z. arch. Lat.
I 1 S. 170 Anm. 3. Ebenda ist S.

NA. Phórmio, at egu ecástor posthac tibi quod potero et quód
 uoles 1050
Fáciamque et dicám. PH. Benigne dicis. NA. Pol meritúmst
 tuom.
PH. Vín primum hodie fácere quod ego gaúdeam, Nausístrata,
Ét quod tuo uiro óculi doleant? NA. Cúpio. PH. Me ad ce-
 nám uoca.
65 NA. Pól uero uoco. PH. Eámus intro hinc. NA. Fiat; sed ubist
 Phaédria
Iúdex noster? PH. Iam hic faxo aderit. *Cantor.* Vós ualete
 et plaúdite. 1055

167 ff. im Zusammenhang nachgewiesen, dass der Coniunctiv im Nebensatz stehn muss, da die beiden Sätze nicht parataktisch, jeder mit selbstständigem Sinn, aufgefasst werden können. S. Anhang.
V. 1050 *ecastor:* von Gellius XI c. 6, der hierin wahrscheinlich aus Varro schöpft, wird uns die durch die erhaltenen Komödien bestätigte Beobachtung überliefert, dass zu Rom das weibliche Geschlecht nicht beim **Hercules**, das männliche nicht beim **Kastor** zu schwören pflegte (vergl. Fleckeisen in N. Jahrb. f. Phil. Bd. 103 [1871] S. 809).
V. 1051 *que — et —* bei gegenseitiger Verbindung gehört zunächst der Umgangssprache an; vergl. Ad. V. 64 .. *praeter aequomque et bonum.*
V. 1053 *quod tuo uiro oculi doleant.* Ueber den freien Gebrauch des Accusativs in der Umgangssprache vergl. Anm. zu V. 947.
V. 1055. Während die Uebrigen in das Haus des Chremes gehn, eilt

Phormio um Phaedria zu suchen nach der Seite des Forum hin ab. Die Schlussworte eines jeden lateinischen Lustspiels enthalten die Aufforderung an das Publikum dem Stücke durch Klatschen seinen Beifall zu spenden (vergl. Anhang zu V. 16). Bei Plautus geschieht dies noch meist mit längerer, mannigfacher Motivirung: allmählig trat ein formelhaftes *Vos plaudite* oder *Vos ualete et plaudite* ein (s. Hor. A. p. V. 155). Gesungen wurden die Worte von dem besondern Sänger (in den Handschriften mit dem griechischen Buchstaben ω bezeichnet), welcher auch diejenigen Scenen zur Flötenbegleitung sang, welche von den Schauspielern nur mimisch gespielt wurden (s. Einl. S. 23.). Das Eintreten des *cantor* war um so leichter, als die erhaltenen Lustspiele regelmässig (mit einziger Ausnahme des ersten Schlusses vom Poenulus des Plautus) in einem Metrum schliessen, welches Musikbegleitung bereits erheischte.

Uebersicht der Metra.

V.	1 — 152	iambische Senare;
-	153 u. 154	trochaeische Octonare;
-	155	trochaeischer Septenar;
-	156 u. 157	trochaeische Octonare;
-	158 u. 159	trochaeische Septenare;
-	160 — 162	iambische Octonare;
-	163	iambischer Quaternar;
-	164 — 176	iambische Octonare;
-	177 u. 178	iambische Septenare;
-	179	trochaeischer Octonar;
-	180	iambischer Septenar;
-	181. 182. 184	iambische Octonare;
-	183	iambischer Quaternar;
-	185 u. 186	trochaeische Septenare;
-	187 u. 188	trochaeische Octonare;
-	189 u. 190	trochaeische Septenare;
-	191	iambischer Quaternar;
-	192. 193	iambische Octonare;
-	194	trochaeischer Octonar;
-	195	trochaeischer Binar;
-	196 — 215	trochaeische Septenare;
-	216 — 230	iambische Senare;
-	231 u. 232	trochaeische Septenare;
-	233 — 251	iambische Octonare:
-	252 u. 253	trochaeische Septenare;
-	254 — 314	iambische Senare;
-	315 — 347	trochaeische Septenare;
-	348 — 464	iambische Senare;
-	465 — 468	trochaeische Octonare;
-	469 u. 470	trochaeische Septenare;
-	471 — 478	iambische Octonare;
-	479 u. 480	trochaeische Octonare;
-	481 — 484	trochaeische Septenare;
-	485	trochaeischer Binar;
-	486	iambischer Octonar;
-	487 — 489	trochaeische Septenare;
-	490	iambischer Senar;
. -	491	iambischer Septenar;
-	492	iambischer Octonar;
-	493 — 501	trochaeische Septenare;
[-	502	iambischer Octonar u. iambischer Quaternar;]
-	503	trochaeischer Ternar;
-	504 — 566	trochaeische Septenare;
-	567 — 712	iambische Senare;
-	713 — 727	iambische Octonare;

V. 728. 730. 731 trochaeische Octonare;
- 729   trochaeischer Ternar;
- 732   trochaeischer Septenar;
- 733 u. 734   iambische Octonare;
- 735 — 788   trochaeische Octonare;
- 739 — 741   trochaeische Septenare;
- 742 — 747   iambische Octonare;
- 748 — 794   iambische Septenare;
- 795 — 819   iambische Octonare;
- 820 — 827   iambische Septenare;
- 829 — 840   iambische Octonare;
- 841 — 883   trochaeische Septenare;
- 884 — 1010   iambische Senare;
- 1011 — 1055   trochaeische Septenare.

Kritisch-exegetischer Anhang.

Kritik und Exegese der Terenzischen Lustspiele sind in Folge ihrer trefflichen Ueberlieferung und der vielfachen Bemühungen alter und neuer Gelehrten nicht mit besonderen Schwierigkeiten verknüpft. Allerdings zeigen einzelne Beispiele, dass wir auch mit jenen Hilfsmitteln über eine relativ späte Textesrecension (etwa des 2. Jahrhunderts n. Chr.), welche indessen des Alterthümlichen genug erhalten hat, nur ausnahmsweise zurückgehn können. Unter den Herausgebern des Terenz hat zuerst und am wirksamsten Richard Bentley (Cantabrigiae 1726 und Amstelaedami 1727) durch methodische, wenn auch noch immer eklektische Feststellung und Abwägung der handschriftlichen Lesarten, durch sorgfältige Beobachtung und Verwerthung des Sprachgebrauchs, vor Allem durch glänzenden Scharfsinn und hervorragendes Divinationstalent die Textkritik gefördert. Was seitdem insbesondere durch Gottfried Hermann und Friedrich Ritschl für die lateinischen Komiker und speciell für Terenz geleistet worden, hat Alfred Fleckeisen, zugleich durch eigene feine Beobachtungsgabe und umfassende Kenntniss der alten Latinität unterstützt, in seiner Textausgabe (Lipsiae 1858) mit umsichtiger und consequenter Kritik verwerthet. Wenn gleichwohl der vorstehende Text an nicht wenigen Stellen von der Fleckeisen'schen Ausgabe abweicht[1]), so beruht dies in den meisten Fällen auf der vollständigeren Kenntniss aller wichtigen handschriftlichen Lesarten, welche uns die Terenzausgabe von Franz Umpfenbach (Berolini 1870) ermöglicht hat. In dieser ist, meist nach durchaus zuverlässigen Collationen[2]), alles für eine durchgreifende Textkritik

---

[1]) Nebenbei bemerke ich hier, dass ich mich der gegenwärtig in den Ausgaben der lateinischen Komiker üblich gewordenen Art zu interpungiren, wonach der Strichpunct ganz in Wegfall kommt und durch Doppelpunct oder Punct ersetzt wird, nicht angeschlossen habe. Ich finde darin das Aufgeben eines von allen andern Interpunctionszeichen scharf unterschiedenen und sehr gut verwendbaren Zeichens.

[2]) Unzuverlässig ist, wie ich durch Augenschein zu constatiren im Stande war, die von August Fritsch für Umpfenbach besorgte Collation des guten Pariser Donatcodex (Bibl. nat. Lat. 7920); s. z. B. Rhein. Mus. N. F. XXIX (1874) S. 445 ff. Zum weiteren Beleg theile ich gleich aus der Praef. zur Andria die didaskalischen Notizen nach Cod. A mit: hec p̄ma facta eſt acta ludiſ megalenſibuſ in (*v. j. H. corr. in* m,) fuluio edilę mτ (*v. j. H. in* nτ *geändert*) glabrio (nτ glabrio *v. j. H. unterstrichen und am Rande beigefügt:* & m. Glab. Q. Minutio) neq; (*v. j. H.* ne|q;) mī'nutio ualerio (*v. j. H. darnach ein Komma*) curulib; egeṙ. latilluſ. latinuſ (*v. j. H. darnach ein Komma*) p̄neſtinuſ. 7 l. ambirauiſ (*v. j. H. corr. in* ambinluiſ) turpio. modoſ | fecit flaccuſ claudi filiuſ tibliſ parib; dextriſ uł ſiniſtriſ. 7 eſt tota g̅c̅a. ędita. m. | marcello & ſulpicio conſuliſ. (*v. j. H. corr. in* conſulibꝰ.) pnuntlataq; ÷ andria terenti (*v. j.*

erforderliche Material, so weit es auf der Ueberlieferung des Alterthums beruht, zusammengebracht und zudem in der Vorrede Wesentliches zur Beantwortung der Frage nach dem Verhältniss der verschiedenen Quellen geleistet. Nicht das gleiche Lob verdient die Ausgabe in Bezug auf die — unvollständige — Mittheilung des aus den neueren Arbeiten beizubringenden kritischen Materials (s. Umpf. Praef. LXIX ff.) und vor Allem in Bezug auf die Gestaltung des Textes[1]). Weshalb Umpfenbach (s. Praef. LXXVIII) eine eigentliche Recension des Textes für eine künftige kleinere Ausgabe aufgespart hat, deren Controlle ja doch nur aus der grösseren Ausgabe möglich sein wird, ist nicht einzusehen. Sein kritisches Verfahren in der bereits vorliegenden Ausgabe lässt häufig eine sichere Methode vermissen. So z. B., wenn er an zwölf Stellen (darunter Phor. V. 54. 358. 366. 571. 1016), an welchen im Cod. A überhaupt das Wort *neglego* oder Formen des gleichen Themas vorkommen, mit A, der manchmal von andern Handschriften unterstützt wird, das alterthümliche *neclego* setzt (s. Corssen, Ausspr.[2] II 881; O. Ribbeck, Lat. Part. S. 24 f.), hingegen Andr. V. 20. 71. 253. 397 *negleg* — schreibt, einfach deswegen, weil für diese Partie der Bembinus ganz fehlt. Weshalb führt ferner Umpf. im Texte der Stücke die sich aus Donat ergebenden Varianten an, unterlässt dies aber völlig für die Didaskalien (mit Ausnahme der Andria), wo doch die bezüglichen Angaben Donats einen wichtigen Theil des Apparats ausmachen? Ebenso inconsequent ist es, wenn er zur Andria sich aus Donat allein nach dem Muster der Stichus-Didaskalie eine — übrigens zum Theil verfehlte — Didaskalie reconstruirt, für die andern Stücke aber, für welche wir ein reicheres Material haben, darauf verzichtet (s. Praef. S. LXXIX). Weitere Beispiele werden sich aus der folgenden Besprechung einzelner Verse ergeben, wobei von dem systemlosen Wechsel zwischen *quo* und *cu, uo* und *ue, u* und *i* u. dergl. abgesehen wird. Umpf. folgt in diesen Puncten dem Bembinus selbst in Fällen, wo die andern Handschriften das Richtige oder doch deutliche Spuren desselben haben; z. B. V. 88. 312. 370. 520.

Periocha: G., nicht C., als Abkürzung von *Gaius* hat Cod. A vor allen fünf metrischen Inhaltsangaben, die er erhalten hat. Beispiele für diesen Gebrauch der Kaiserzeit finden sich im Corp. Inscr. L. II ff. (s. Indices). Teuffel, Röm. Lit.[2] S. 805 führt ungenau gerade C. als Lesart des Bembinus an.

Per. V. 3 ziehe ich dem *et* des Cod. A das *ac* der andern Codd. vor. Diese haben nämlich ihren selbständigen Werth neben A, und es ist eher anzunehmen, dass das häufigere Wort das nicht ebenso häufige verdrängt hat.

Per. V. 7 lässt Umpf. der Ueberlieferung zu Liebe folgenden Hiatus zu: *Funus procurat. ibi eam uisam Antipho Cum* q. s.

Per. V. 12 schreibt Umpf. gegen ACD *agnitam*, ebenso Andr. Per. V. 11 gegen C; hingegen Hec. Per. V. 11 mit eben jenen Codd. *adgnoscit*.

— Vielleicht ist auch V. 8 das alterthümelnde *reuorsi* zu schreiben (vergl. Heaut. Per. V. 4 *deuortitur* und Mil. gl. Arg. II V. 8 in B *reuortitur* für *deu*.).

V. 1. Luscius wird heutzutage mit ganz verschiedenem Beinamen theils Lauinius theils Lanuuinus benannt. Letzteren Namen halte ich

II. sind die zwei letzten Worte unterstrichen und Punct nachgesetzt). Die j. H. hat ferner vor *hec* und vor *egeŕ*. einen Hakenstrich zur Bezeichnung eines Abschnitts vorgesetzt. Von Rasuren war nichts zu bemerken.
  [1]) Gerühmt wird freilich auch in dieser Beziehung die Ausgabe von dem Recensenten des Lit. Centralbl. 1870 S. 565. Dagegen finde ich mich in Uebereinstimmung mit dem Urtheil des Recensenten im Philol. Anz. II (1870) 205 ff.

für den einzig richtigen. Der gute Cod. A des Donat hat, weil unvollständig, nur einmal den Namen (Comm. z. Andr. Prol.) und bietet 'lanùmo'. Das übergeschriebene *i* kann, da *u* nicht unterpungirt ist, nach der Regel nur als berichtigendes Einschiebsel betrachtet werden. So kommen wir zum Namen *Laniuinus*, einer Nebenform von *Lanuuinus*. Ebenso hat in der sogen. Vita Ter. Ambrosiana (Ritschl in Suet. ed. Reiff. S. 535) der gute Pariser Cod. (*saec*. XI.) *Lanuuinus*, die schlechten Handschriften wie bei Donat *Lauinius*. In den Scholien des Cod. Bembinus kommt viermal *Lanuuinus*, niemals die andere Namensform vor (s. Umpfenbach in Hermes II S. 342. 353. 364. 377.; vergl. Studemund in N. Jahrb. f. Phil. 1868 S. 548 Anm. 6).

V. 16 f. Ausser den von Ritschl und Mommsen a. O. beigebrachten Gründen widerspricht der Annahme von Wettkämpfen unter verschiedenen Dichtern auch der Umstand, dass wiederholt an den nämlichen Spielen verschiedene Stücke desselben Dichters zur Aufführung kamen. So die Adelphoe und Hecyra des Terenz (s. Einl. S. 11), und vielleicht bezieht sich der Schluss des Plautinischen Pseudulus '. . . *in crastinum uos uoco*' auf die Aufführung eines zweiten **Plautinischen** Lustspiels (s. Ritschl, Parerg. S. 296). Die am Ende eines **jeden** Dramas, mitunter ausführlich und angelegentlich, ausgesprochene Bitte um Beifallklatschen des Publikums liegt wohl nur im Interesse des **Schauspieldirectors** (vgl. Ter. Hec. V. 56 f.). Die Dichter scheinen, wenn ihr Stück gefiel, nicht einmal eine Geldbelohnung als Zeichen der Anerkennung erhalten zu haben, wie ich aus Hor. ep. II 1 V. 175 f. schliesse:

*Gestit (Plautus) enim nummum in loculos demittere, post hoc
Securus, cadat an recto stet fabula talo.*

Eine Ausnahme hiervon machte der Eunuch des Terenz, welcher zweimal hintereinander aufgeführt wurde und '*meruit pretium quantum nulla antea cuiusquam comoedia, octo milia nummum*' (Vit. Ter. S. 29 Ritschl); vergl. Auctar. Don. bei Ritschl a. O. S. 35 '. . . *magno successu et pretio stetit Eunuchus fabula*'. In diesem Falle scheinen die Festgeber eben ausnahmsweise, über den grossen Erfolg des Stückes erfreut, dem Dichter sein Honorar so ansehnlich erhöht zu haben, gleichviel ob der Dichter nach der ersten Aufführung sein Eigenthumsrecht über das Stück behielt oder nicht (s. Rhein. Mus. N. F. XXI S. 473). Auf eine andere Zeit beziehen sich Stellen wie Hor. A. p. V. 250 *Nec* . . . *Aequis accipiunt animis donantue* c o r o n a (nämlich den Dichter der vorher näher bezeichneten Dramen). — Ganz unabhängig von dieser Frage ist die nach der in den Plautinischen Prologen erwähnten *palma histrionalis*.

V. 17. Cod. A allein hat *tractent*, die andern Handschriften und Donat *tractant*. Wo bei Terenz der Coniunctiv in einem Relativsatz der *oratio obliqua* steht, ist derselbe nie durch die blosse Abhängigkeit bedingt; vergl. V. 125. 413. 721.

V. 20 f. Für die von Heinrich a Bruner, Quaest. Terent. (Helsingfors 1868) S. 89 vorgeschlagene Umstellung dieser beiden Verse, welche dem Sinne nach ohne Anstoss wäre, sehe ich keinen entscheidenden Grund.

V. 49. Aus der von Donat z. d. St. beigebrachten Varrostelle '*Legitur apud Varronem initiari pueros Eduliae et Poticae et Cubae, Diuis edendi et potandi et cubandi, ubi primum a lacte et a cunis transierunt*' und der entsprechenden Stelle bei Nonius (S. 74 f. G. u. R.) geht nur hervor, dass die römischen Schriftsteller das Wort *initiare* auch von heimischen Verhältnissen gebrauchten, wenn der Zusammenhang die Beziehung ergab. Absolut gesetzt und auf einen einmaligen Act bezogen ist es in der Palliatkomödie ohne Zweifel aus griechischer Sitte zu erklären. Jedenfalls muss der betreffende Act nach dem ersten Jahrestage eines Kindes vollzogen worden und dasselbe noch so jung gewesen sein, dass es nicht selbst den Genuss etwa dargebrachter Geschenke haben konnte. Elberling (Ausg. d. Phorm.) S. 41 denkt an das Apaturienfest, an welchem zu Athen Bürgerkinder in die Phratorenlisten eingetragen wurden (s. Aug. Mommsen, Heortol. S. 308 ff.).

V. 57. An sich wäre das rhetorisch gefärbte Asyndeton . . *quo in metu, Quanto in periclo simus* wohl zu ertragen; V. 1050 ist in A überliefert . . . *quod potero quod uoles Faciam* q. s., während die andern Codd. die beiden Sätze mit *et* verbinden.

V. 71. *Hic* hat Cod. A (corr. rec. *hinc*), die andern Codd. *hinc;* auch Donat kennt beide Lesarten. Ich habe (mit Umpfenbach) erstere gewählt, einmal weil *hinc* leichter aus andern Stellen (z. B. V. 288) hier sich eingedrängt haben kann; sodann weil an den vielen Stellen, wo *abeo* u. s. w. mit der Angabe des Ausgangsortes vorkommt, diese meist unmittelbar beim Verbum steht, jedenfalls nie von ihm durch ein von demselben gar nicht abhängiges Wort (allenfalls durch eine Coniunction) getrennt wird.

V. 77 f. Gegen die von Bentley und Fleckeisen angenommene Personenvertheilung, wonach Geta von Dauos gar nicht unterbrochen wird, spricht sowohl die Wahl des Pronomens *iste* und der Plural, als vor Allem die geschraubte Wendung *nam quae inscitiast* q. s.; denn das handschriftliche *namque* kann man bei solcher Personenvertheilung unmöglich mit Bentley belassen. Ich bin mit Umpfenbach den Handschriften (ausser A) gefolgt. Cod. A (1. Hand) lässt vor *Venere* und *Namque* eine neue Person eintreten (Geta — Dauos); erst von j. H. ist das erste Zeichen vertauscht und das zweite getilgt worden. Personenwechsel vor *Namque* kannte auch Donat. Unmöglich und selbst unwahrscheinlich ist es nicht, dass die betreffenden Worte unter Dauos und Geta zu vertheilen sind und Letzterer mit *Namque* u. s. w. selbst die Begründung von *scapulas perdidi* übernimmt.

V. 86. Die Schreibung *redducere* ist im Cod. D erhalten und hätte von Umpf. Aufnahme verdient (vergl. Lachmann in Lucret. S. 303).

V. 113. *Vt sibi eius* haben die Handschriften, und die Ausgaben behalten es, indem sie *ĕius* messen (Fleckeisen und Umpfenbach) oder *ŭt s.* kürzen (Bentley). Letzteres ist unstatthaft, da derartige Kürzungen nur in der dem Ictus unmittelbar vorhergehenden oder nachfolgenden Silbe eintreten (s. Einleit. S. 26). Ersteres, was von Lachmann in Lucr. S. 161 behauptet wird, scheint mir mit C. F. W. Müller, Plaut. Pros. S. 388 f. an sich höchst unwahrscheinlich und durch die wenigen dafür angeführten Beispiele zu wenig belegt. Fragmente der Komiker bleiben in solchen Fragen füglich bei Seite. Eun. V. 131 ist von Müller a. O. erledigt. Phor. V. 185 *Quód quom audierit, quód eius remedium inueniam iracundiae?* lässt sich eben so leicht wie oben in *eius quod* umstellen. Wortstellungen dieser Art haben durchaus nichts Auffallendes (vergl. z. B. V. 540. 811 f.); in den Handschriften hat nur die grammatisch correcte Stellung die ursprüngliche verdrängt. V. 483 ist der iamb. Octonar *Nam pér ĕius unam* q. s. mitten unter troch. Septenaren bereits bei Fleckeisen durch Umstellung beseitigt; Umpf. allerdings hat ihn beibehalten. Vergl. Aug. Luchs in Studemund's Stud. z. a. Lat. I S. 346 f. Uebrigens wird auch iambisches *ĕi* von Luc. Müller, De re metr. S. 272 für die scenischen Dichter geleugnet.

V. 115. *eam* ist ebenso als Object weggelassen V. (136.) 296. 320. 662. 727. 830 (*ea*). 975; *eum* V. (155). 982; *id* V. 121. 238. 532. 681. 704. 745 f. 799. 945. 1001. 1002; *eas* V. 559. 662; *me* V. 382. 863; *te* V. 334; *se* (1035).

V. 151. Dass die beiden Jünglinge aus dem Hause des Chremes (links für die Zuschauer) tretend, vielleicht aber auch vom Forum herkommend, vor jenem Hause stehn bleiben, schliesse ich daraus, dass Geta in der folgenden Scene vom Hafen (also linksher) kommend nach dem Hause des Demipho (in der Mitte) eilt (V. 194) und von den Jünglingen zurückgerufen wird (V. 194: *Reuocemus hominem*). Uebrigens ist von obigen zwei Möglichkeiten die erstere wahrscheinlicher, da die zweite wohl irgend wie motivirt worden wäre. V. 216 folgen Geta und Phaedria dem Antipho eine Strecke nach rechts hin, so dass Phaedria V. 253 dem von links gekommenen Demipho entgegen treten kann.

V. 166 fehlt *eum* in A, und ich habe es deshalb mit Umpf. weggelassen (vergl. Anhang zu V. 115). Allerdings kommen Auslassungen in Folge von Flüchtigkeit im Bembinus sehr oft vor, indess muss doch in jedem einzelnen Falle eine Lücke bestimmt nachgewiesen werden. V. 159. S. Eun. V. 151. 539; Heaut. V. 752; Phor. V. 159. 832 und (für *quod*) Heaut. V. 916. 932; Phor. V. 327. 454. 705; Hec. V. 817 zweimal; Ad. V. 22. 555. Phor. V. 312 hat A in Folge eines Schreibfehlers ALIQVOS; jedenfalls kann man Umpf. nicht beistimmen, welcher hier ein vereinzeltes *aliquot* einsetzt. In der Andria hat, so weit Cod. A fehlt, V. 534 und 771 wenigstens C¹ *aliquod* (Umpf. *aliquot*), V. 313 und 328 alle Codd. —*t*. Dieser im Ganzen gleichmässigen Ueberlieferung gegenüber halte ich mich trotz Corssen, Ausspr. I² 193 nicht für berechtigt, *aliquot* und *quot* in den Text zu setzen (s. Schuchardt, Voc. d. Vulgärl. I 123).

V. 175 f. Bei Herstellung des ersten Verses (die Codd. *retinere amare amittere*) ist davon auszugehn, dass V. 176 wieder *amittere* (nicht *mittere*) in allen Handschriften überliefert ist, *amittere* im gleichen Zusammenhang V. 918. 920 gebraucht wird und obige zwei Verba ebenso in dem schon in sehr früher Zeit eingeschobenen Verse 507 gegenübergestellt werden. Daher ist V. 175 *amittere* zu belassen und die Coniectur *amorem an* aufzugeben. Umpfenbach hat mit Eugraphius *an uero amittere* geschrieben, ich glaube aber dass *eam anne am.* den Zügen der Ueberlieferung näher liegt. — V. 176 ist entweder die ursprüngliche Lesart des Cod. A (mit *mihī*) einfach beizubehalten oder der andern Ueberlieferung entsprechend *eius* (vielleicht *eis* = *eius*) vor *sit* einzuschieben. Dann haben wir hier einen Fall von dem eigenthümlichen Gebrauch des *Genet. gerundii* m alten Latein vor uns, von welchem unter Andern Holtze II 54 f. handelt.

V. 186. Da bei Anführung des griech. Sprüchwortes das Verbum bei Donat in der zweiten Person steht, liegt die Vermuthung nicht zu fern, dass πλίνθον πλυνεῖς zu lesen ist als Ende des Trimeters aus dem griech. Original. Auch bei Terenz spricht Geta V. 179. 180 zu sich in der 2. Person.

V. 210. Hinsichtlich der Wahl zwischen der vollen und der abgeschwächten Form der Fragepartikel (*ne* und *n*) scheint eine Vergleichung der freilich sehr schwankenden Ueberlieferung zu ergeben: 1) dass nach Consonanten natürlich volles *ne* eintritt; 2) nach langen Vocalen in a) mehrsilbigen Wörtern blosses *n*; b) einsilbigen Wörtern entweder n oder *ne* (V. 613 *Tun dixeras* q. s.; V. 448 *Méne uis?*) erscheint; 3) dass nach kurzen Vocalen a) vor Vocalen in der Regel *ne*; b) vor Consonanten, α) falls das Wort mit der Fragepartikel selbst den Versaccent hat, volles *ne* (z. B. V. 231 *Itane tándem*); β) andernfalls abgekürztes n steht (z. B. V. 810 *Itán páruam*); 4) dass die Wörter, in welchen vor *ne* ein s ausgefallen ist, nur n behalten (z. B. *ain, scin, sanun, censen, poterin*). *Satine* und *potine*, welche nach 3) behandelt werden, sind nur scheinbare Ausnahmen von 4), da sie aus *sate* (der anzunehmenden Zwischenform von *satis* und *sat*) und *pote* mit *ne* zusammengesetzt sind; vergl. V. 211 *Sátine sic;* V. 802 *Satin sánus* (Cod. A falsch *Satine*).

V. 215. Die von Cod. A allein gebotene Wortstellung *Sed hīc quis c. s.* wird von O. Seyffert, Stud. Plaut. (Gymn. Progr. Berlin 1874) S. 26 f. mit vollem Recht unter Berufung auf den stehenden Sprachgebrauch in solchen Fragen zurückgewiesen. Dem Versfuss *Séd quis hic est* ist zu vergleichen V. 557 . . . *ést tibi árgénti*; V. 563 *Númquid est quód* und V. 739 *Cónloquár. — Quis hic lóquitur?* In der Personenvertheilung bin ich übrigens V. 214. 215 mit Umpf. dem Cod. A gefolgt, wenn auch der Sinn manche Abweichung von dieser gestattet.

V. 235. Die Worte *Atqui reperiam; aliud cura* gegen die Handschriften (ausser F) und Donat mit Lachmann in Lucr. S. 210 f. dem Phaedria, statt dem Geta zuzuweisen, wie alle neueren Herausgeber gethan haben, fehlt es nicht nur an jedem entscheidenden Grunde, sondern steht sogar im Widerspruch zur Stimmung des Phaedria. Dieser ist zwar des besten Willens (V. 228), im Grunde aber doch zaghaft (V. 238) und ermangelt jedenfalls des Galgenhumors, welcher aus obigen Worten spricht.

V. 245. Die im Text gehotene Fassung beruht mit geringfügigen Abweichungen auf der Ueberlieferung der Handschriften und Donats. Dagegen bietet Cicero Tusc. III c. 14 § 30, wo er V. 241—246 citirt, folgende Lesart: *Communia esse haec, ne quid horum umquam accidat animo nouom;* und in dieser Form ist der Vers seit Bentley in den Ausgaben wiedergegeben. Meinerseits glaube ich, obwohl der grössere Umfang des Citats das Zurückgehn auf eine Handschrift des Dichters von Seiten Ciceros sehr wahrscheinlich macht, doch eher Interpolation der Cicerohandschriften als der Terenzüberlieferung, allenfalls eine willkürliche Aenderung des Verses durch Cicero (mit Benutzung von V. 250) annehmen zu dürfen.

V. 261. Weitere Beispiele solcher Wortstellungen sind V. 147, 201, 224, 270, 313, 344, 346, 358, 361, 379, 400, 413, 461, 505, 523, 535, 540, 565, 608, 655, 669, 670, 671, 692 f. 730, 732, 734, 763, 777, 784, 811 f. 823, 830, 831 f. 836, 838, 844, 848, 866, 876, 881, 899, 957, 975, 1015, 1026, 1030, 1040 f.

V. 265. A allein aus Umpfenbachs Apparat hat *Vnum cum noris,* die andern Codd. mit Donat, welchen Fleckeisen und Umpf. folgen, *Vnum cognoris* (s. Bentley z. d. St.). Da *cognoris* dem Sinne nach nicht potentialer Coniunctiv sein kann und ein Conl. perf. ohne Negation als Imperativ gar nicht oder nur höchst selten gebraucht wird (s. Loch a. O. S. 20)[1]), so habe ich mit Bentley, welcher zugleich auf Andr. V. 10 verweist, die andere Lesart vorgezogen.

V. 328 erscheint einerseits so inhaltlos und bietet andrerseits so schwere, durch Coniectur gar nicht zu beseitigende Anstösse, dass ich ihn entschieden für interpolirt halte. Wie ist *tum* zu erklären? Zu *noui* ferner lässt sich bei ungezwungener Interpretation doch nur *eos* ergänzen, was einen durchaus unangemessenen, dem Charakter des Phormio gar nicht entsprechenden Sinn gibt. Bei der Interpolation mag V. 605 mit zum Anhalt gedient haben.

V. 368. Nach der überlieferten Lesart ist der an sich einfache Gedanke so schwerfällig und geschraubt wiedergegeben (*Videas te, atque illum [uidisti], ut narras*), und andrerseits liegt die Annahme, dass *ut* Glossem zu *atque* sei, welches sich an andrer Stelle eingeschlichen habe, so nahe, dass ich darnach selbst den Text zu ändern wagte. Unnöthig jedenfalls und metrisch falsch ist *Videas te aeque atque illum ut narras,* wie Ed. a Brunér, Quaest. Ter. S. 83 ff. vorschlägt.

V. 386. Ich habe nach Cod. A mit Umpf. *Em* vor *Quid ais?* weggelassen. Demipho kann nach Allem nicht vermuthen, dass Phormio sich des früher angegebenen Namens nicht mehr erinnert. Das Staunen bezeichnende *em* würde aber auf eine solche Vermuthung schliessen lassen. Demipho hat nur den Phormio etwas reden hören und wünscht zu wissen, was? Der Creticus *perdidi* wie V. 416 *proxumo.*

V. 388. Statt *noris* hat Cod. A *nosses* entweder in irrthümlicher Nachahmung von V. 382, oder es steckt in der Lesart die sonst nicht direct überlieferte, wohl aber nach Analogie anderer Perfecta ganz richtige Form *nossis.* Das Plusquamperfectum ist hier jedenfalls unmöglich

---

[1]) Loch führt a. O. zwei Ausnahmen an, *memineris* Plaut. Mil. gl. V. 807 und *noueris* Truc. I 2 V. 62. An letzterer Stelle ist indess der Coniunctiv potential zu nehmen.

(s. Anm. zu V. 382). V. 382 ist das Plusquamperfectum zwar erklärlich, aber nicht nothwendig und vielleicht auch da *nossis* und *Nossim* herzustellen; die Lesart NOISSES in A unterstützt diese Vermuthung. Vergl. Anm. zu V. 390.

V. 411 habe ich *suaui's* geschrieben statt des herkömmlichen *suauis*, da jenes mehr der Analogie gleicher Wendungen entspricht; s. Anm. zu V. 324.

V. 444 *de ea re* nach Cod. A (mit Umpf.), während die andern Handschriften *de hac re* haben. Da Gründe des Sinnes hier keine Entscheidung zulassen, gibt die Autorität jener Handschrift den Ausschlag. Ebenso V. 489 *Non queo* nach A statt *Nequeo*.

V. 479 *dixi* für *dico* habe ich aus D G und offenbar A c. II. aufgenommen. Es bezieht sich auf V. 474 ff.; *adhuc* q. s. gibt nur das Resultat der kurzen Darlegung.

V. 502 f. In den eingeklammerten Worten etwas Anderes als eine höchst unpassende Interpolation zu erkennen, ist mir unmöglich. Um überhaupt einen Sinn zu geben, muss *esset* condicional genommen und alia *sollic.* auf eine geringe, unwichtige Sorge bezogen werden (s. Donat z. d. St.). Warum wünscht aber Phaedria dem Antipho statt *'aliam' (minus grauem)* nicht vielmehr nullam *sollic.*, und sich selbst, wenn es doch einmal aufs Wünschen ankommt, dass ihm *hoc malum* niemals entgegengetreten wäre? Auf den Wechsel des Metrums in V. 502 f. darf ich im Hinblick z. B. auf V. 486 und V. 733 f. kein Gewicht legen, obschon an ersterer Stelle eine neue Scene anfängt, an letzterer ein *canticum mutatis modis* sich findet. Jedenfalls steht V. 502 mit der in V. 504 enthaltenen Anrede (*O fortunatissume Antipho*) in offenbarem Widerspruch. W. Wagner (Ausg. d. Terenz, Cambridge 1869) beseitigt mit seiner übrigens sehr gefälligen Coniectur *Atque* für *Neque* nicht alle Schwierigkeiten, namentlich nicht das anstössige *esset* und den Widerspruch mit V. 504. Guyet z. d. St. geht unnöthig weit, wenn er gleich V. 501—503 für unächt erklärt.

V. 515. *Optundis* hat Cod. A, die andern Handschriften *obtunde*, G mit einer Rasur nach *e*. Je sicherer der Imperativ falsch ist, um so bestimmter ist meines Erachtens das *e* desselben festzuhalten.

V. 519. Mit A und Umpf. die Worte *Di tibi* q. s. dem Phaedria zu geben ist deshalb rathsam, weil Dorio im Folgenden zu ihm, wie es scheint, erwidernd spricht. Mag man sie aber Geta oder Phaedria zuertheilen, jedenfalls weisen sie darauf hin, dass Dorio vorher gesprochen hat. Deshalb stimme ich Madvig, Adv. crit. II 18 unbedingt nicht zu, welcher den Antipho bis *tu* sprechen lässt; man würde in diesem Falle auch *Neque tu neque ego* erwarten.

V. 567. Ich sehe im Hinblick auf die angeführte Priscianstelle nicht ein, weshalb Umpfenbach (vergl. dessen Praef. S. LXXIII) entgegen der überwiegenden Ueberlieferung des Cod. A mit Fleckeisen hier und sonst nur *Chremes* im Vocativ schreibt. Einfaches *e* haben alle Handschriften bei Umpf. V. 613. 960. 966. 984, fast alle V. 577; A allein V. 567. 609; nur V. 797 hat A *Chremes (Chreme* in BCP*)*. Gleichmässigkeit ist hierbei ebensowenig nothwendig wie bei den Genetiv- und Accusativformen. Gründe des Wohllauts können bei der Wahl dieser oder jener Vocativform mitgewirkt haben. Ritschl Trin. Prol. S. LXXXVIII spricht sich über diese Frage als eine für Plautus gleichgiltige nicht aus. Jos. Krauss, Quaest. Ter. crit. (Bonn 1850) S. 28 ff. schliesst die Form auf —*e* auch nicht aus.

V. 577. Wenn man mit A *audisti* statt *audistin* liest, ist der Satz als fragende Behauptung, nicht als reine Frage (s. V. 612) zu fassen.

V. 604. Die Lesart des Bembinus INSTIISSI (Vulg. *institui : is si*) führt eher auf *institi* als auf *institui*. Ebenso Hec. V. 381 *Hanc habere orationem mecum principio institit;* vergl. Phor. V. 192 u. Anm. Eun.

V. 19 heisst es in gleichem Sinne *Ita ut facere instituit.* Phor. V. 848 hat Cod. A *institueris,* wo sicher *institeris* zu lesen ist.
V. 618. Unzweifelhaft lässt sich die von Cod. A gebotene Personeneintheilung, wonach Demipho (nicht Geta) *Is qui istanc . . spricht,* sehr gut vertheidigen, und Umpf. geht wie öfters von seinem Princip ab, wenn er hier dem Bembinus nicht folgt.
V. 667 wird im Anschluss an Bentley von Aug. Luchs in Studemund, Stud. I 1 S. 64 f. sehr ansprechend so hergestellt: *His rebus, inquit, pone sane alias decem.*
V. 761. In der auch Donat bekannten Lesart *hic solus,* welche unter den Handschriften A allein hat (*hic* fehlt da, wird aber von Donat angeführt), zeigt sich gegenüber dem *haec sola* der andern Codices an einem recht deutlichen Beispiele die Ueberlegenheit des Bembinus. Sophrona hat gar nicht '*maxumam curam*' angewendet, und in ihrem Bemühen läge auch nichts Wunderbares.
V. 764 betonen Fleckeisen und Umpfenbach etwas schwerfällig *Sed per deós atque hómines meam ésse* q. s. Gestützt auf die analoge Accentulrung in Hec. V. 249 *Quod tú si idem facerés, magis* q. s. folge ich ohne Bedenken der Bentley'schen Ictusvertheilung.
V. 765. Ueber *e me* s. Anm. z. d. V. — *audies* haben alle Handschriften; wie das Metrum zeigt, offenbar falsch. Bentley — ihm folgt Umpfenbach — setzte *audiemus* in den Text. Chremes hat aber, mag man *audiemus* als Plur. maiest. nehmen oder nicht, gar nichts mehr zu erfahren, da er bereits über Alles unterrichtet ist. Hingegen musste Sophrona und vor Allem Phanium von dem wunderbaren Zusammentreffen unterrichtet werden, und gerade in letzterer Person liegt das Motiv, weshalb das Gespräch nun ins Innere des Hauses verlegt wird. Fleckeisen's '*intus audies quae restant*' entfernt sich unnöthig weit von den Handschriften und nimmt auf Phanium auch keine Rücksicht. Mir scheint *audietis* daher eine sichere Emendation. Mehrere reine Trochäen hinter einander finden sich z. B. auch V. 767 am Ende eines iamb. Septenars (nach *cetera* tritt zudem Synaloephe ein; s. Einl. S. 20 f.). Dass Phanium nicht namentlich erwähnt wird, darf so wenig auffallen wie z. B. *illae* in V. 749 oder *ambo* in V. 760. Uebrigens ist *audietis,* auf welches ich selbstständig gekommen war, bereits von Weise und Kayser (s. W. Wagner zu d. St.) coniicirt und von W. Wagner in den Text aufgenommen worden.
V. 780. Entscheidend für die handschriftliche Lesart *uorsuram solues* (statt der sehr alten Coniectur *uorsura*; s. Guyet z. d. St.) ist das Futurum, welches sich nur auf die schliessliche Katastrophe beziehen kann. Von dieser konnte Geta nicht sagen, dass er mittelst einer Anleihe seine Schuld bezahlen werde, da alsdann die Zahlung der Anleihe immer noch bevorgestanden hätte; z. B. Cic. ad Att. V 1 § 2 *quae quidem ego utique uel uersura facta solui uolo* und V 15 § 2 *ut uerear ne illud, quod tecum permutaui, uersura mihi soluendum sit,* an welchen beiden Stellen an eine Erledigung der Schuld für Cicero mittelst der *uersura* gar nicht zu denken ist. Bentleys Vertheidigung des Ablativs passt nur für die Lesart *soluis,* die er auch gleich Guyet mit richtigem Tacte gewählt hat (bei Umpf. hat nur Cod. D so). Grund zu einer Aenderung ist nicht vorhanden (s. Anm. z. d. St.), und ich folge daher den Handschriften, nicht Fleckeisen und Umpfenbach.
V. 787. Die Aenderung des handschriftlichen *ac* in *at* halte ich durch den Zusammenhang für durchaus geboten.
V. 806. Nur A und D¹ haben *perdis,* die andern Handschriften bei Umpf. *pergis;* ebenso Heaut. V. 582 nur A *perdis* gegen *pergin* der andern Codices. Diese beiden Stellen bestätigen gegenseitig die Lesart des Cod. A.
V. 835. Fleckeisen schreibt gegen die Handschriften: . . . *aclurust.* **An.** *Quás?* **Ph.** *Vt fugitet suóm patrem.* Diese Einschiebung von *suom* halte ich nicht nur für unnöthig, sondern sogar für unpassend, weil da-

mit die von Phormio **ausdrücklich** beabsichtigte Doppelbeziehung des Satzes auf Antipho und Phaedria undeutlicher wird.

V. 896. Wie Umpf. den Vers, nachdem er einmal richtig an den Anfang der Scene transponirt war, hinter V. 905 belassen konnte, ist mir unerklärlich. Auf Phormio bezogen enthält er doch nur einen sehr matten Witz und *ita uti dixi* bleibt höchst anstössig, da die Alten an eine wirkliche oder erheuchelte *liberalitas* des Parasiten vorher gewiss nicht denken konnten.

V. 932. Ich habe *adeo* gegen die Handschriften dem Phormio zuertheilt, in dessen Munde es eine durchaus passende Erklärung findet (s. Anm. z. d. St.), während die Worte *tua facta* gar keine Steigerung zu *te* enthalten.

V. 936. Während die Kürzung der Ultima von *immo* bei folgendem Ictus ohne allen Anstoss ist, lässt sich die Kürze der ersten Silbe nur durch die Analogie von *ille* u. ähnl. erklären (s. Einl. S. 25). Bei einfachem *immo* ist die erste Silbe lang Eun. V. 355. 812; Heaut. V. 599. 770; Hec. V. 228. Dagegen *Ymmŏ uéro* findet sich, von Fleckeisen durch Coniectur beseitigt, Hec. V. 726. 877; *immo uéro* wahrscheinlich Andr. V. 854. Phor. V. 1047 ist wahrscheinlich *Mihin? immo uéro* zu lesen (s. Anhang zu V. 1048); sollte indess *Satis?* eingeschoben werden, so hindert nichts *Sátin tibist? Ph. Satis? immo uéro* q. s. zu betonen.

V. 1004. Cod. A theilt die Worte *Em, quid ais?* dem Demipho und die folgende Frage dem Chremes zu, während die andern Handschriften dies Verhältniss gerade umkehren. Mir scheint nach V. 941 f. erstere Frage des Staunens für keinen der Greise, sehr gut aber für Nausistrata zu passen, welche durch die Erwähnung von Lemnos sogleich aufmerksam wird. Die zweite Frage lasse ich mit A dem hierbei zumeist interessirten Chremes.

V. 1022. Falls man das *quid* der Handschriften (auch des A) nicht etwa für die alte (ablativische) Form des Modaladverbs nimmt (s. Ritschl, N. Plaut. Exc. I 56; vergl. Fälle wie V. 788 *Quid autem? — Quia*), gestattet der Zusammenhang meines Erachtens nur die Lesart Fleckeisens *qui id* (einige gute Codices haben *qui*): gerade auf *defungier* soll nachdrucksvoll hingewiesen werden. Umpfenbach schreibt auch hier wie Cod. A.

Nach V. 1028 scheint mir ein Vers des Demipho ausgefallen zu sein etwa des Inhalts: *Mitte eum animum; nimis irata es in uirum, Nausistrata*. Auf diese Worte würde Nausistrata V. 1031 antworten. Ohne eine solche unmittelbar vorausgehende Aufforderung zur Versöhnung erwartet man V. 1029 statt des bestätigenden *sane* vielmehr *sed*. Ferner scheint mir die Annahme, dass Phormio V. 1029 f. laut zu Nausistrata spreche und diese, welche V. 1011 sich ausdrücklich an Demipho gewendet hatte, V. 1031 ihm gewissermassen antworte, höchst anstössig. Auch V. 1036 spricht Phormio nur zu sich und redet erst V. 1037 Nausistrata **namentlich**, sogar mit *Heus N.*, an.

V. 1047. Ueber *Mihin?* vor *immo* s. zu V. 1048. — Dass man dem Bembinus, welcher allerdings in Bezug auf Personenvertheilung sehr grosse Autorität verdient, doch nicht allemal folgen dürfe, zeigt sich in diesem Verse, wo er zugleich mit den andern Codices ganz unpassend den Phormio auf die Frage der Nausistrata antworten lässt. Bentley hat dies verbessert und V. 1046 die Worte *Mulier sapiens es, N.* dem Demipho zugewiesen. Dem Sinne entspricht das völlig gut, doch kann hier (V. 1046) ebenso passend den Handschriften gemäss Phormio eintreten. Ich gebe dieser Lesart sogar den Vorzug aus dem Grunde, weil dann die falsche Personenvertheilung der Handschriften im folgenden Verse um so erklärlicher wird.

V. 1048. Dass *Mihin?*, welches in den Handschriften vor *Phormio* steht, nicht zu halten ist, hat bereits Fleckeisen richtig erkannt (Umpf.

hat es zwar wieder in den Text aufgenommen). Ausführlich hat dies Ed. Becker a. O. (s. Anm. zu V. 1048) S. 169 ff. begründet. Beide stellen *tuom dic nomen* um; ich halte die Aenderung von *dic* in *dice* noch für leichter als diese Umstellung. Uebrigens ist Ed. Becker entgangen, dass Fleckeisen mit Benutzung von Jos. Krauss, Quaest. Ter. crit. S. 32 für das ausgestossene *Mihin?* den ganz passenden Platz im vorhergehenden Verse gefunden hat, wo es irrthümlich ausgelassen, am Rande nachgetragen und dann an falscher Stelle eingeschoben worden ist.

Nachtrag zu Seite 19 f.

Meine über die Hinterwand der Bühne ausgesprochene Ansicht glaube ich dahin abändern zu müssen, dass sowol links als rechts von dem mittleren Hause sich ein *angiportus* befand. In die Quergassen führte je ein schmaler Thorweg, während über denselben die Häuser der Bühnenwand zusammenhingen.

www.ingramcontent.com/pod-product-compliance
Lightning Source LLC
Chambersburg PA
CBHW031403160426
43196CB00007B/876